# MORGEN WURDE ICH GEBOREN. HEUTE LEBE ICH. GESTERN HAT MICH UMGEBRACHT.

**PARVIZ OWSIA, IRANISCHER AUTOR**

Für die Lebenden und die Liebenden.
Für meine Toten, die Unsterblichen.
Ich lebe, wer ich bin. **DANKE.**
**ANITRA EGGLER** **WIEN, 31.01.2013**

… fotografiert Essen, Sonnenuntergänge und das Flüggewerden der Kinder und verwechselt Bildschirmleben mit Leben.

… ist ständig erreichbar und nirgendwo mehr richtig anwesend.

… verzichtet lieber auf Sex als auf sein Smartphone.

… stalkt seine Ex-Partner online und ist sich sicher, dass sie ihm nichts mehr bedeuten.

… erreicht, dass unsere Handys mehr über uns wissen als unsere Mütter oder Lebenspartner.

… weiß, dass Börsen-Firmen nicht karitativ handeln, hinterfragt aber nie den Preis von „gratis".

\* Social Media-Burnout bezeichnet die psychische Überforderung durch überdosierte Aktivität in Sozialen Netzwerken. Die mögliche Konsequenz: Social Media-Suizid – „digitaler Selbstmord der Internet-Ichs", Löschen
der eigenen Web-Profile. Online-Auftragsmörder wie suicidemachine.org übernehmen diesen Job.

… muss sich im Viertelstundentakt
vergewissern, dass Facebook noch steht.

… sieht häufiger auf ein Display als in die Augen seines
Gegenübers und hält Dauerablenkung für aufmerksam.

… sorgt dafür, dass unsere Kinder lieber mit
Handys spielen als mit Teddybären.

… filmt Unfälle und Menschen in
Not. Erste Hilfe? Ein Posting im
Social Web.

… enthemmt die Privatsphäre und publiziert
Inhalte, die Hausfrieden und Job kosten können.

… lenkt unsere Aufmerksamkeit so lange auf
das Banale bis wir blind sind für das Wesentliche.

… versklavt auch praktizierende
Freigeister und lässt sie glauben,
so frei zu sein wie nie zuvor.

… vernichtet Menschenverstand und Schamgefühl,
treibt Kluge und Dumme in blinden Aktionismus,
in Social Media-Burnout* und Social Media-Suizid**.

** Seit sich die 15-jährige Amanda Todd im Oktober 2012 das Leben genommen hat und der Fall durch die
Weltpresse ging, bezeichnet „Social Media-Suizid" neben dem Löschen der eigenen Internet-Profile auch
Selbstmord, der in Zusammenhang mit Internet-Aktivitäten steht. Die US-Amerikanerin hatte kurz vor ihrem
Freitod in einem YouTube-Video auf ihr Internet-Mobbing-Martyrium aufmerksam gemacht. Niemand half.

# Es*

## STEUERT UNSER INTERNET-ICH.

\*  In der Psychoanalyse nach Sigmund Freud steuert das „Es" unsere Triebe. Der Pädagoge Arthur Brühlmeier
vergleicht „Es" treffend mit einem „Hexenkessel: einem Konglomerat von Triebregungen, Anlagen, Wünschen,
Gefühlen, Streben ohne Logik, ohne Moral, ohne Sinn für Ordnung und Maß, ohne Rücksicht sogar auf die
Selbsterhaltung, einzig dem Bestreben nach Lustgewinn und Unlustvermeidung verpflichtet".

# HALTEN SIE DAS FÜR NORMAL?

# DA WURDE MIR KLAR, DASS ENTWEDER ICH VERRÜCKT WAR ODER DIE WELT. UND ICH TIPPTE AUF DIE WELT. UND NATÜRLICH HATTE ICH RECHT.

# VOR UNS LAG NOCH EIN LÄNGERER WEG. UNS SOLLTE ES RECHT SEIN. DER WEG IST DAS LEBEN.

JACK KEROUAC, US-AMERIKANISCHER SCHRIFTSTELLER, „UNTERWEGS", 1957

# FLUCH

**DAS IST DIE WAHRHEIT**

**WENN SIE IHR VERHALTEN ÄNDERN**
**HOFFEN SIE NICHT DARAUF, DASS SICH IHR LEBEN ÄNDERT**
**ICH WÜRDE LÜGEN, WENN ICH IHNEN SAGTE**
**DASS DIE DIGITALISIERUNG IHR LEBEN BEREICHERT**
**DASS SIE KEIN SMARTPHONE-ZOMBIE SIND**
**DASS SIE SOZIALE NETZWERKE ZU IHREM VORTEIL NUTZEN**
**DASS IHRE ONLINE-REPUTATION KARRIEREFÖRDERND IST**
**BEGREIFEN SIE ENDLICH**
**DAS IST, WAS SIE VERDIENEN**

**UND DAVON BIN ICH ÜBERZEUGT, DENN ICH KENNE SIE BESSER ALS IHRE MUTTER**
**SKLAVEN-PHONITIS UND FACEBOOK-INKONTINENZ LIEGEN IN IHRER NATUR**
**ICH WEIGERE MICH ZU GLAUBEN**
**DASS SIE DIE MACHT ÜBER IHRE DIGITALE KOMMUNIKATION ZURÜCKGEWINNEN**
**DASS SIE IHREN GESUNDEN MENSCHENVERSTAND WIEDERBELEBEN**
**ES WIRD HÖCHSTE LEBENSZEIT**
**IHR SCHICKSAL SAGT**
**SIE MÜSSEN IHR LEBEN ÄNDERN**
**OB ES IHNEN GEFÄLLT ODER NICHT**
**DAS IST DIE REALITÄT**

**ICH BIN IHR INTERNET-ICH**
**SIE MÜSSEN WISSEN, DASS ICH GENAU DAS GEGENTEIL GLAUBE.**
**JETZT LESEN SIE DEN TEXT NOCH MAL VON UNTEN NACH OBEN.**

# SEGEN

ICH BIN IHR INTERNET-ICH

DAS IST DIE REALITÄT
OB ES IHNEN GEFÄLLT ODER NICHT
SIE MÜSSEN IHR LEBEN ÄNDERN
IHR SCHICKSAL SAGT
ES WIRD HÖCHSTE LEBENSZEIT
DASS SIE IHREN GESUNDEN MENSCHENVERSTAND WIEDERBELEBEN
DASS SIE DIE MACHT ÜBER IHRE DIGITALE KOMMUNIKATION ZURÜCKGEWINNEN
ICH WEIGERE MICH ZU GLAUBEN
SKLAVEN-PHONITIS UND FACEBOOK-INKONTINENZ LIEGEN IN IHRER NATUR

UND DAVON BIN ICH ÜBERZEUGT, DENN ICH KENNE SIE BESSER ALS IHRE MUTTER
DAS IST, WAS SIE VERDIENEN
BEGREIFEN SIE ENDLICH
DASS IHRE ONLINE-REPUTATION KAPITAL IST
DASS SIE SOZIALE-NETZWERKE ZÄHMEN KÖNNEN
DASS SIE KEIN SMARTPHONE-ZOMBIE SIND
DASS DIE DIGITALISIERUNG IHR LEBEN VERBESSERT
ICH WÜRDE LÜGEN, WENN ICH IHNEN NICHT SAGE
HOFFEN SIE NICHT DRAUF, DASS SICH IHR LEBEN VERÄNDERT
WENN SIE IHR VERHALTEN ÄNDERN

DAS IST DIE WAHRHEIT

**DIE DIGITALISIERUNG IST NICHT PER SE FLUCH ODER SEGEN. DAS, WAS WIR AUS IHR MACHEN, BESTIMMT IHREN UND UNSEREN (NICHT-)NUTZEN. DIESES BUCH HILFT IHNEN, EINE NEUE PERSPEKTIVE ZU FINDEN, UM DAS BESTE FÜR SIE RAUSZUHOLEN.**

**IHRE SEELE WIEGT**

# 21
# GRAMM*

**GRETCHENFRAGE: WIE VIEL GEWICHT HAT IHR INTERNET-ICH?**

\* Zu diesem Ergebnis kam der US-amerikanische Arzt Duncan MacDougall 1907 nach Experimenten mit einer Präzisions-
waage und einem Sterbebett. Die Waage zeigte im Todesmoment der ersten (und nur der ersten) Versuchsperson einen
Gewichtsverlust von 21 Gramm an. Das zu Recht umstrittene Gewicht der Seele bescherte dem gleichnamigen Film von
Alejandro González Iñárritu 2004 eine Oscar-Nominierung. Nicht gewonnen, dennoch sehr sehenswert!

SIE HALTEN

# 640
# GRAMM

**WIRKUNGSVOLLE DIGITAL THERAPIE FÜR IHR INTERNET-ICH IN HÄNDEN.**
**BITTE LESEN SIE VOR DER ANWENDUNG DIE PACKUNGSBEILAGE.**

# Packungsbeilage

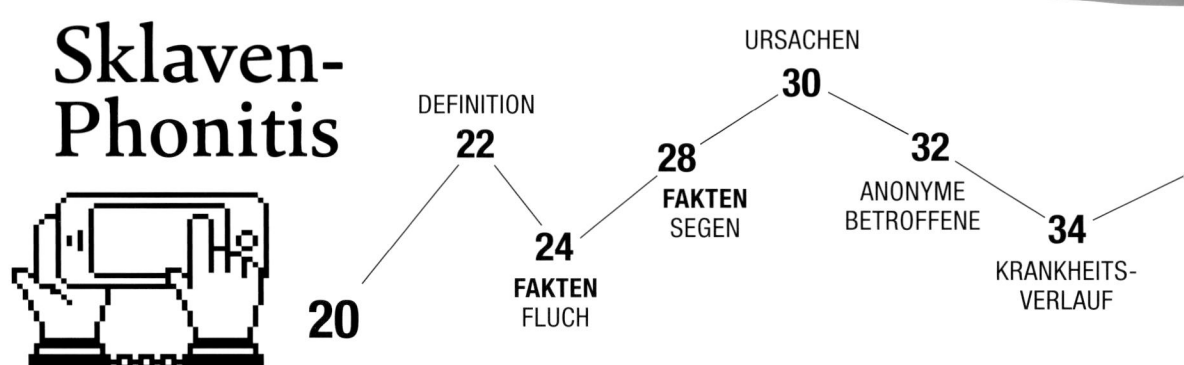

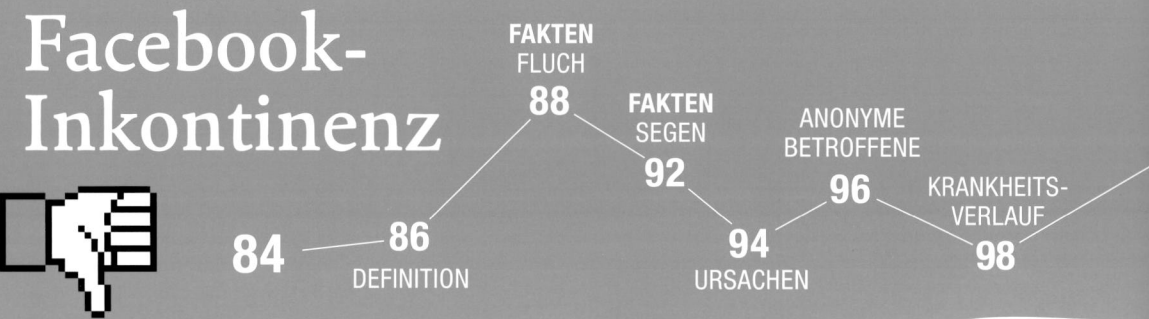

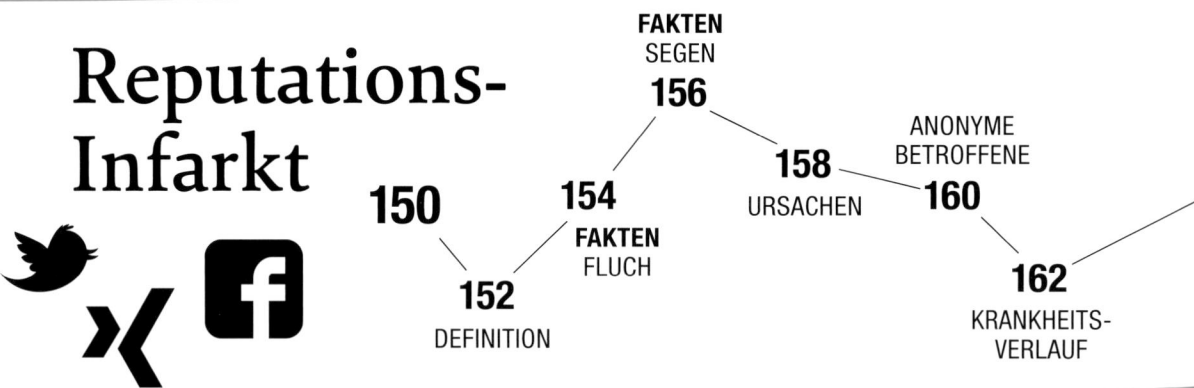

# Extras für Privatpatienten

# Sklaven-Phonitis, Facebook-Inkontinenz, Reputations-Infarkt.

Millionen Menschen sind betroffen: Frauen und Männer, Prominente und Normalos, Kinder und Kirchenführer, Firmen und Regierungen. Ihr Leid ist öffentlich, dennoch halten sie es vor sich selbst geheim. Verrückt, oder?

**SKLAVEN-PHONITIS** ist die weitverbreitetste Krankheit dieses „Trios Infernale Digitale". Weil sie die beiden anderen Krankheiten auslösen kann, wird sie in diesem Buch zuerst therapiert.

**KURZ-DEFINITION:** Wer unter Sklaven-Phonitis leidet, verwechselt sein Mobiltelefon mit einem lebenswichtigen Körperteil, entwickelt in kürzester Zeit ein „i-Ich", mutiert öffentlich zum Smartphone-Zombie und fristet sein Leben in Folge als sozial Untoter in sklavischer Abhängigkeit eines Kleingeräts, das Daueraufmerksamkeit fordert.

**REPUTATIONS-INFARKT** ist in der Regel eine Folge von Sklaven-Phonitis und Facebook-Inkontinenz, tritt aber auch als eigenständige Krankheit auf.

**KURZ-DEFINITION:** Unter Reputations-Infarkt leiden Menschen, Marken und Firmen, sobald sie den dringenden Wunsch verspüren, Google-Ergebnisse zu löschen, nachdem sie sich selbst gegoogelt haben. Treiber dieser Krankheit ist fehlendes Markenführungsbewusstsein, unter dem Otto-Normal-User besonders leiden, weil ihnen viel zu spät bewusst wird, dass sie im Web zur Ich-Marke werden, die gepflegt werden muss.

**FACEBOOK-INKONTINENZ** trifft neben Einzelpersonen auch Gruppen, Firmen, Marken, Regierungen und den Papst. Das macht diese Krankheit so ansteckend wie gefährlich.

**KURZ-DEFINITION:** Menschen, die unter Facebook-Inkontinenz leiden, veröffentlichen ihr Intimleben sowie das ihrer wehrlosen Kleinkinder und Haustiere in Sozialen Netzwerken. Mit ihrem Info-Müll infizieren sie andere, zum Beispiel Ex-Partner, die „nur mal kurz zum Stalken" vorbeiklicken wollten. Firmen und Marken leiden unter Facebook-Inkontinenz, wenn sie in Netzwerken ohne Strategie und Redaktion aktiv werden. Dass davor nicht mal Gottes Erdenvertreter gefeit ist, beweist das Social Media-„Engagement" des Papstes*.

---

* Gott behüte! Dieser Link führt direkt in die erste Social Media-Hölle: www.pope2you.net. Bitte wählen Sie die deutsche Übersetzung der Seite, dort wütet der fehlende Internetweltgeist besonders gottlos. Falls Sie dann noch in Stimmung für weitere Real-Satire sind, besuchen Sie die zahlreichen Papst-Profile auf Facebook.

# Die Dosis macht das Gift.

Was für Digitalika gilt, gilt auch für dieses Buch. Es ist für webgeschädigte Querleser und dauerabgelenkte Smartphone-Zombies geschrieben und gestaltet. Bereit für ein bisschen Aua? In „Smartphone" stecken „Smart" und „SM" in einem Wort, na …?

**„NIMM DIR, WAS UND SO VIEL DU WILLST", SAGT GOTT, „ABER BEZAHL' DEN PREIS!".** Überdosis ist das Maß unserer „Zuviel-isation" und Auslöser der drei Internet-Ich-Krankheiten, die dieses Buch behandelt. Damit die Therapie Erfolg hat, lesen Sie langsam und nehmen Sie sich nach jedem Kapitel die Zeit, Ihre ganz persönliche Idealdosis zu finden.

**DOSIERUNGS-WARNHINWEISE:**

**1. HOCHDOSIERTER KLARTEXT IST NICHTS FÜR WEICHSPÜLER.**
Dieses Buch ist laut. Es spricht ohne Mundschutz zu Ihnen. Das ist Teil der Therapie. Flüstern Sie mal „Hey, du solltest dein Leben ändern und dein Ändern leben" ins Ohr eines Smartphone-Zombies. Na, reagiert er? Wie auch! Er kann Sie nicht hören. Er hört nur, was seine Kopfhörer ihm ins Hirn wummern.

**2. GRAFIK-DESIGN IST NICHTS FÜR BLEIWÜSTEN-LIEBHABER.**
Dieses Buch ist bunt. Es lebt vom Liebesspiel zwischen Text und Grafik. Das ist Teil der Therapie. Drücken Sie mal einem internetgeschädigten Querleser und konzentrationslosen Schlagzeilen-, Bilder- und Video-Zapper 224 Seiten Bleiwüste in Schriftgröße acht aufs Auge. Was wird er sehen? Nichts, was er lesen will und wird.

**3. „GENDERN" STÖRT DIE BUCHSTABEN-DOSIS.**
Liebe Kronen der Schöpfung, bitte fühlen Sie sich dennoch besonders herzlich angesprochen – der Verzicht auf die weibliche Textform ist ein Tribut an Verständlichkeit und Lesefluss.

**WENN SIE DAS NICHT ERTRAGEN, GEHEN SIE JETZT BITTE WEINEN.**
Die Dosis steigt mit jeder Seite. Wehe, Sie werfen das der Autorin noch auf Seite 224 vor – Sie wurden gewarnt …

# Erwünschte Wirkungen, unerwünschte Risiken.

Wenn Sie dieses Buch lesen, nehmen Sie das Risiko in Kauf, dass sich Ihr Denken ändert – und das ist nur die erste erwünschte Nebenwirkung …

**WIR SIND, WAS WIR DENKEN.** Und damit wir werden, was wir sind, handeln wir. So wie wir handeln, werden wir. Das ist ein wundervoller Domino-Effekt, probieren Sie ihn aus!

## WEITERE ERWÜNSCHTE NEBENWIRKUNGEN:

**IHR MENSCHENVERSTAND GESUNDET,** er wird geschärft und kritischer. Plus: Er bleibt wach, auch wenn ihn der „Es"-gesteuerte Triebtäter in Ihnen in einer schwachen Internet-Minute mit Valium füttert.

**SIE GREIFEN SELTENER ZUM HANDY,** dafür wieder häufiger mit beiden Händen ins echte Leben. Wissen Sie noch, wie gut sich das anfühlt?

**IHR INTERNET-ICH ERHÄLT EINE SOZIAL VERTRÄGLICHE AUSBEUTER-MENTALITÄT,** die Ihnen hilft, das Beste aus Sozialen Netzwerken herauszuholen.

**IHRE ONLINE-REPUTATION WIRD GENERALÜBERHOLT** und arbeitet fortan für Ihre Karriere und – sofern erwünscht – auch für Ihren Ruf als hochattraktiver Zeitgenosse für die Vergnügen X und Y und … Z.

**VORSICHT! DIESES BUCH FÜHRT ZU UNERWÜNSCHTEN WECHSELWIRKUNGEN MIT** Grabenkämpfern der vorgestrigen „Internet: gut oder böse?"-Fraktion*, Handyhalfter-Haltern, Google-Evangelisten und anderen „Weltverbesserern" im Namen des Geldes, Kirchgängern, Facebook-Aktionären, Hashtag-Hysterikern, Fremdwort-Fetischisten aus Gründen der Pseudo-Intellektualität, aka: Doktorarbeitsfälschern.

**DAS IST KEINE BETRIEBSANLEITUNG.** Dieses Buch gibt Ihnen Impulse, wie Sie Ihr Handy, Soziale Netzwerke und das Web zu Ihrem Vorteil nutzen. Die individuellen Konfigurationen müssen Sie selbst vornehmen.

**DAS IST KEIN WISSENSCHAFTLICHES WERK UND WILL ES AUCH NICHT SEIN.** Dieses Buch ist die Summe aus 15 Jahren Arbeitsfreude an vorderster Digital-Front gepaart mit Überlebensspaß und einer Prise Lebensklugheit durch Herdplattenanfassen im erlebnispädagogischen Selbsterfahrungsprinzip.

---

* Die Debatte zwischen Technikoptimisten und Technikskeptikern ist so alt wie die Ohnmacht der menschlichen Vernunft. Innovation birgt immer den Fluch und Segen, den ihre Nutzer Kraft ihres Verstandes schaffen. Die Digitalisierung ist gekommen, um zu bleiben – ein Segen, vorausgesetzt: Wir lassen uns von unserem Menschenverstand sagen, wie wir mit ihr umgehen, und nicht von technischen oder medialen Möglichkeiten.

# Sklaven-Phonitis

## [SERVUS MANICUS SMARTFONICUM]

**SKLAVEN-PHONITIS:** Psychische, physische und eingebildete 24/7-Abhängigkeit von Mobiltelefonen, Netzempfang und Internet-Standleitung. Das Handy wird als lebenswichtiges Körperteil empfunden.

**SKLAVEN-PHONITIS WURDE FRÜHER AUCH ALS** „Telefonieren" bezeichnet, von Mobilfunk-Dealern als „grenzenlose Freiheit" verkauft, von Arbeitgebern durch die Forderung ständiger Erreichbarkeit erfolgreich ausgebeutet – und von Arbeitnehmern bis heute freiwillig exekutiert.

**VERWANDTE KRANKHEITSBILDER:**
Eingebildeter Vibrations-Alarm, Klingelton-Tinnitus, Sechster-Finger-Syndrom, auch „iFinger" oder „Crackberry-Daumen" genannt, Flatrate-Burnout, Realitätsverlust, WCitis – zeitlich unkontrolliertes Toiletten-Surfen, -Chatten, -Stalken, -Mailen –, Cybersex, Seitensprung, Scheidung (oftmals in fataler Kombination* mit WCitis), Zombiedasein, Verkehrsunfall, Facebook-Inkontinenz, Reputations-Infarkt.

* Es gibt überdurchschnittlich intelligente Männer, die können ein Klagelied über diese verhängnisvolle Kombination anstimmen: Sie wurden schlafend auf der Schüssel gefunden. Im Hirn alle Lichter aus, aber das Display noch an und der Video-Chat mit der jugendlichen Silikon-Schnitte noch aktiv. War teuer.

„Ein Wochenende ohne mein iPhone? Da verzichte ich lieber auf Sex!

SAGEN ZWEI VON ZEHN iPHONE-NUTZERN
QUELLE: GAZELLE.COM, 2012

# FLUCH (1)

**1** mal pro Stunde checken Erwachsene ihr Handy.
Erst checken, dann strecken: Jeder dritte Handy-
Besitzer blickt nach dem Aufwachen als Erstes aufs
Display, jeder zweite sagt als letzte Amtshandlung
vor dem Einschlafen seinem Handy „Gute Nacht".

Quellen: Ericsson Consumer Lab 2011, BITKOM

**3.417** Textnachrichten erhält ein amerikanischer
Teenager zwischen 13 und 17 Jahren im
Monat. Das sind bei einem 16-Stunden-Tag
sieben bis acht Nachrichten pro Stunde.

Quelle: Nielsen, State of the Media: The Mobile Media Report Q3, 2011

**68%** aller Handy-Besitzer leiden unter eingebildetem Vibrationsalarm. Sie erleben dieses Phänomen einmal pro Woche.

Quelle: Baystate Medical Center Massachusetts, 2012

# 4,8 Mrd.

Menschen besitzen ein Handy, hingegen nur 4,2 Milliarden eine Zahnbürste. Tendenz steigend: Täglich werden mehr Smartphones verkauft als Babys geboren.

Quelle: Deloitte Digital, „Digital Disruption", 2012

# 20%

greifen nach dem Sex sofort zum Handy, hingegen nur noch 10 Prozent zur Zigarette danach.

Quelle: Harris Interactive im Auftrag von Lookout, 2012

# 60%

der britischen Jugendlichen können sich ein Leben ohne Handy nicht mehr vorstellen und bezeichnen sich selbst als „hochgradig abhängig". Bei den Erwachsenen sind es nur 37 Prozent – lügen die? Quelle: Ofcom, The Communications Market Report, 2012

# FLUCH (2)

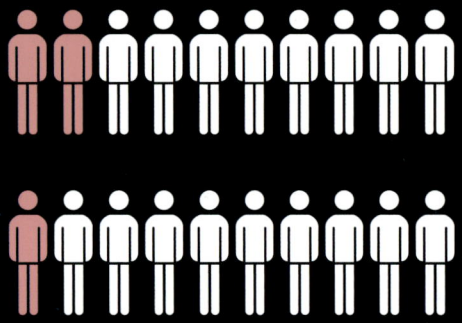 2 von 10 schalten ihr Handy nie aus.

1 von 10 weiß nicht, wo der Ausknopf ist.

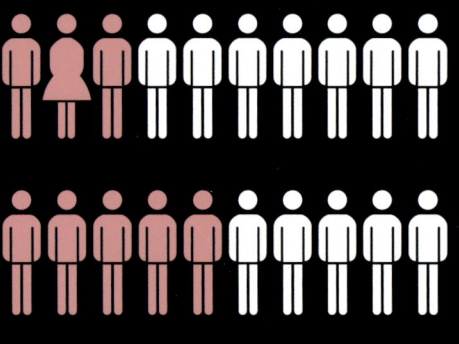 3 von 10 Teens machen per SMS Schluss.

5 von 10 versenden Sex-Nachrichten.

 4 von 10 gehen nicht ohne Handy aufs Klo.

 5 von 10 nutzen ihr Handy im Bett.

2 von 10 tippen beim Autofahren – das wirkt wie 0,8 Promille.

1 von 10 greift beim Gottesdienst zum Handy – um Gott anzurufen?

6 von 10 schlafen mit dem Handy – auf dem Nachttisch.

7 von 10 verzichten lieber auf Alkohol als auf ihr Smartphone.

1 von 10 nutzt sein Handy während des Sex.

Quellen: BITKOM, Ericsson Consumer Lab, Lookout, IT-Business.de, Heise.de, Gazelle.com, Sciencedirect.com

# SEGEN

Überraschung: Zu jeder Fluch-Studie gibt es eine Segen-Studie. Was heißt das? Die Wahrheit liegt in Ihren Händen.

## HANDYS KÖNNEN …

… LEBEN RETTEN.

… FREIHEIT SPENDEN.

… SPRECHEN.

… WEGE WEISEN.

… LIEBESBOTEN SEIN .

… LEIBWÄCHTER SEIN.

… SO VERDAMMT PRAKTISCH SEIN.

… DAS LEBEN UND ARBEITEN VEREINFACHEN.

… AUS NOTLAGEN BEFREIEN.

… DEUTSCHLAND REGIEREN.*

… UND SO VIEL GUTES MEHR.

UM DAS ZU WISSEN, BRAUCHEN SIE KEINE STUDIEN. SCHALTEN SIE EINFACH IHREN MENSCHENVERSTAND EIN.

\*  Die deutsche Bundeskanzlerin Angela Merkel gilt als die „Handy-Kanzlerin". SMS sind ihr Markenzeichen, „am" ihr Kürzel. Im Januar 2013 stellte „Der Spiegel" (03/2013) die Frage: „Wie privat sind die SMS der Kanzlerin?". Das Amt des Bundesbeauftragten für Datenschutz und Informationsfreiheit antwortete, Merkel simse „in einem rechtlichen Grenzbereich".

**JEDE INNOVATION, JEDE TECHNOLOGIE, JEDES MEDIUM IST DAS, WAS WIR DARAUS MACHEN.**

**WENN SIE SICH VERSKLAVEN, DANN IST DAS IHR FREIER WILLE – ODER GLAUBEN SIE, EIN KLEINGERÄT IST MÄCHTIGER ALS IHR WILLE?**

**NA ALSO.**

**JEDOCH: DER GEIST IST WILLIG, ABER DAS FLEISCH IST SCHWACH.**

# Es ...

**BEKÄMPFEN SIE DEN TRIEBTÄTER IN IHNEN.
SIE HABEN STARKE VERBÜNDETE:
IHR „ICH" UND IHR „ÜBER-ICH"*.
ZWEI GEGEN EINEN. WER GEWINNT?
SIE!
LESEN SIE WEITER.**

\* Sigmund Freud gliedert unser Seelenleben in drei Instanzen: „Ich", „Über-Ich" und „Es". Das „Ich" ist die Kommandozentrale Ihres kritischen Verstandes. Das „Über-Ich" ist der Moralapostel und zieht die Engelchen-/Teufelchen-Nummer ab. Im „Über-Ich" sind Ihre Wert- und Normvorstellungen zuhause. Das „Es" ist der maßlose Triebtäter. „Es" reagiert auf Reize, die Lustgewinn vorgaukeln, auch wenn dieser selbstzerstörerische Folgen hat.

# Wir verwechseln „Es" mit Liebe.

„Es" beginnt mit einem Glücksgefühl: Sie halten Ihr erstes Smartphone in Händen und denken, dass die Welt in Zigarettenschachtelgröße nun Ihrem Fingerzeig gehorcht. Irrglaube…

**SOBALD SIE EIN SMARTPHONE AKTIVIEREN,** gehören Sie der Kommunikationswelt und werden ihr Diener. Und zwar von der ersten Sekunde an, in der Sie „Dauererreichbarkeit" als Teil der Bedienungsanleitung verstehen – die Sie nicht lesen, weil Sie dafür keine Zeit haben. „Es" will sofort loslegen und erklärt das so: Sie haben ein Smartphone, damit es Zeit spart. Diese Ersparnis fängt bei der Bedienungsanleitung an. Die brauchen Sie nicht! In „Smartphone" steckt das Wort „smart". Ihres scheint Ihnen von Anfang an so schlau, dass es ein Vollidiot blind bedienen kann. Und das tun Sie dann auch.

**IHR i-ICH ERWACHT:** In Sekundenschnelle kapieren Sie, was ein Smartphone von einem gewöhnlichen Handy unterscheidet und geraten in Cäsaren-Stimmung: Diese Omnipotenz! Unfassbar. Alles da: E-Mails, Internet, Facebook, Xing, YouTube, Google, Navigationssystem, Kamera, Messenger, Videofonie, Wetter, Musik, Fotos, Spiele und ach, so viele Apps! Ihr i-Ich hat Hunger. Es will gefüttert werden. Sofort! Am ersten Tag und dann immer wieder. Überall. Beim Essen, Schlafen, Aufstehen. Auf dem Klo, beim Überholen, vor dem

Sex, nach dem Sex, im Beichtstuhl und beim Gehaltsgespräch. Sie gehorchen. Gerne. Sie bekommen ja so viel zurück. Es fühlt sich fast wie Liebe an. Besser!

**ALS DER AKKU DAS ERSTE MAL SCHLAPP MACHT,** geraten Sie in Panik und schwören Ihrem Smartphone, es fortan immer rechtzeitig mit Saft zu versorgen – yes, Master! Dasselbe gilt für den PIN-Code. Erst vergessen Sie ihn ständig. Und dann: Es dauert Ihnen einfach zu lange. Wenn Sie nachts aufwachen und Ihre tauben Finger wie ferngesteuert zum Smartphone greifen und Sie sehen da eine Nachricht, dann wollen Sie sich nicht beim PIN-Code vertippen. Dann wollen Sie sofort wissen, was Sache ist und antworten.

**JETZT HAT „ES" SIE ERWISCHT.** Sie kaufen im Jahresrhythmus ein noch schlaueres Phone, nutzen maximal die Idiotenfunktionen und laden ständig neue Apps. Die Hälfte funktioniert nicht richtig. Egal. Waren ja gratis. Bei den anderen loggen Sie sich bequem mit Ihren Facebook-Zugangsdaten ein und sind – drin. Ganz privat und doch so öffentlich. Weil das alles so einfach ist, vergessen Sie ständig, die „Einstellungen" so zu konfigurieren, dass sie für und nicht gegen Sie arbeiten. Auch den Ausknopf finden Sie nur mit Mühe.

**SIE SIND EIN MENSCH MIT BESONDEREN BEDÜRFNISSEN GEWORDEN,** barrierefrei in Sachen Privatsphäre. Weil Sie Single sind, scheint Ihnen das nicht so schlimm. Sollte sich Ihr Beziehungsstatus ändern (muss nicht sein, Sie sind ja gerade auf den Geschmack virtueller „Liebe" gekommen, die ist so herrlich unkompliziert), muss der Code wieder her, denn: Was Sie mit Ihrem Handy teilen, würden Sie nicht mal mit sich selbst teilen, wenn Sie ehrlich zu sich sind. Aber das sind Sie längst nicht mehr. Sie hängen an Ihrem Handy wie andere Menschen am Nikotin oder an der Flasche. Der einzige Unterschied ist: Ihr asoziales Verhalten wird sozial toleriert, weil die Mehrheit Ihrer Mitmenschen sich ebenso versklavt hat.
**ZEIT, DAS ZU ÄNDERN.**

# „Mein Handy ist Terrorist, ich bin seine Geisel!"

Ich bin Roman (48) – und, so dachte ich, mit allen Wassern gewaschen. Werde ich in Formularen nach meinem Beruf gefragt, habe ich keine schlüssige Antwort. „Diplom-Kaufmann" ist eine Ausbildung, kein Beruf. Würde mein Sohn (11) gefragt, hätte er eine glasklare Antwort: „Papa ist professioneller Autofahrer, Flugpassagier und Telefonist." Stimmt. In Wirklichkeit bin ich in der Geschäftsführung einer 10.000-Mann-Firma. Mein Beruf ist ein Fake.

**„Meet and Greet" – das ist kein echtes Arbeiten.** Kunden überreden, Kunden beim Abendessen satt machen, irgendetwas entscheiden und hauptsächlich in sinnentleerten Meetings die Zeit totschlagen. Wie war das noch mal mit dem „Peter-Prinzip"*? Die Angst ist da, ertappt zu werden, dass man nichts kann, außer sich „wichtig" zu beschäftigen.

**Weil es ständig blinkt, bimmelt und vibriert bin ich wichtig.** Also beschäftige ich mich in Meetings und auch davor und danach mit Gadgets, die mir helfen, „wichtig" zu sein. Smartphones, Tablets und im Geheimen dann Spotify, Facebook, YouTube, Amazon und ... So hänge ich fest im Netz, immer auf der Suche nach dem Neuesten. Nichts verpassen, immer online, alles checken um jeden

---

\* Das „Peter-Prinzip" des kanadischen Wissenschaftlers Laurence J. Peter gilt als eines der empirisch am besten bewiesenen Management-Gesetze. Es besagt, dass jeder so lange in Hierarchien befördert wird, bis er die Stufe seiner eigenen Unfähigkeit erreicht. Je kompetenter jemand ist, desto schneller erreicht er diese Stufe und verharrt dort bis ans Ende seiner Berufslaufbahn.

Preis. Addicted. Mist. Jedes Gerät ist empfangsbereit. Ich bin
es auch: Ohren und Augen in Habt-Acht-Stellung, Finger allzeit
tippbereit – morgens auf dem Klo, im Kino, beim Joggen, in
der Oper.

# „Mein Smartphone hat mich aus dem wahren Leben gebeamt!"

Selbst im „entspannten" Wellness-Wochenende liege ich
im Ruheraum und kontrolliere, welche wichtigen Anrufe ich
verpasst habe, welches Essensfoto gerade von Freunden auf
Facebook gepostet wurde und frage mich sehr unentspannt,
warum die amerikanischen Kollegen, verdammt noch mal, den
Vertragsentwurf noch immer nicht gesendet haben.

Handy-Rock'n'Roll – rund um die Uhr. Dazu berufliches „Follow-
the-Sun" via Telefonkonferenz – morgens die Asiaten, abends die
Amerikaner. Früher war Mobiltelefonieren Freiheit, heute ist es
Geiselhaft. Mein Smartphone ist ein Terrorist, ich bin seine Geisel –
meine Firma zahlt Lösegeld in Form einer Flatrate. Dieses „smarte"
Telefon hat sich als Totmacher entpuppt, als ein Gerät, das mich
aus dem wahren Leben gebeamt hat.

Wo ist der Ausknopf? Nachdem die Essensverabredungen mit
meiner Frau via Outlook gemanaged wurden und ich das Wetter
zuerst auf dem iPhone gecheckt habe, ohne davor einfach mal aus
dem Fenster zu sehen, war mir klar: STOPP. SOFORT. //

# Vom Yuppie-Lutscher …

**CRACKBERRYS & HANDY-HALFTER.** Wer „wichtig" sein will, ist freiwillig „ständig erreichbar", hat Hornhaut an den Daumenspitzen und besitzt einen BlackBerry. Weitere pathologische Fälle outen sich durch das Tragen eines Handyhalfters.

**FREIHEIT, FREIHEIT.** Millenium: Mobiltelefone haben Massenepidemie-Status erreicht. An Silvester werden mehr SMS versendet als Raketen gezündet. Jugendliche überziehen Konten, Eltern entdecken die Seitensprung-SMS.

**KNOCHENMÄNNER.** Die Evolution der Handy-Zombies beginnt, weil sie nun leistbar ist: Menschen laufen einarmig durchs Leben, am Ohr einen Telefonknochen. Ihre gebeugte Körperhaltung verrät: Die Menschheit erwartet ein schweres Los.

**YUPPIE-LUTSCHER.** Mobiltelefonie kostet immer noch ein kleines Vermögen. Aber es ist so cool, dass es die Business- und die Börsen-Kasper tun müssen, um zu zeigen, dass Sie – ja, was eigentlich sind? Infiziert.

**AUTOPHONITIS.** Anfang der 1990er-Jahre gehen die ersten digitalen Mobilfunknetze an den Start. Wer ein Autotelefon besitzt, ist alt und reich oder jung und Yuppie. Das neue Statussymbol lässt sich nur in einem Aktenkoffer unauffällig transportieren.

**POCKY-PEST.** Die Deutsche Telekom bringt 1989 „Pocky" auf den Markt. Das Handy kostet 8.600 D-Mark. Beim Namen hätten die Konsumenten hellhörig werden müssen: „Pocky" – Pockenpest werbesprechlich verniedlicht! Zu spät.

**WELTREVOLUTION.** Am 28. Juni 2007 ist Nokia Marktführer – noch. Am 29. Juni ändert sich alles: Millionen Menschen erleben ihren ersten digitalen Frühling und verlieben sich in das iPhone von Apple.

**iLOVE.** OMG! Es ist so schön. Schön teuer, das auch. Aber vor allen Dingen ist es der perfekte Lebensbegleiter, weil es so smart ist und so viel kann. Telefonieren, ja, das auch, aber wen interessiert das noch?

**NOTARZT.** Smartphonen bis der Arzt kommt? Sie sind dabei. Schließlich haben Sie ein Firmenhandy mit Flatrate. Sie nutzen es auch privat. Da kann der Arbeitgeber schon erwarten, dass Sie 24/7 erreichbar sind, oder nicht?

**DAPP.** Mit dem Jedi-Lichtschwert wecken Sie Ihre Kollegen in Meetings. Ihre Kinder erzieht die „Buzzer-App". Sie denken nicht mehr selbst, das übernimmt jetzt Ihr Smartphone. Wie haben Sie früher bloß ohne gelebt?

**KAUFZWANG.** Sie kaufen im Jahresrhythmus ein neues Handy. Die „alten" bekommen die Kinder. Die gehen ohne ihre Handys nicht mehr ins Bett und texten die ganze Nacht. Wenn Sie sich über die horrende Rechnung beschweren, werden Sie von Ihren Kids auf Facebook verunglimpft. Nachts träumen Sie von Ihrem ersten Satz bei den „Anonymen Smartphonikern".

**50 SHADES OF DISPLAY.** Sie verbringen mehr Zeit mit Ihrem Smartphone als mit den Menschen, die Sie lieben oder liebten – aber egal, die hängen ja auch ständig vor ihren Displays. Da sind Ihre digitalen „Freunde" viel aufmerksamer, die sind für jeden Spaß zu haben. Sobald es ernster wird, ist Ihr Akku leer – so unkompliziert können mobile Beziehungen sein.

**WOLKE 666.** Konvergenz total: Ihre Geräte synchronisieren sich über die Cloud. Dummerweise wurden gerade sexy Chat-Fotos auf den heimischen Rechner übertragen. Und wohin sind eigentlich die Videos verschwunden?!? Vielleicht hätten Sie doch 69 Sekunden in den Menüpunkt „Einstellungen" investieren sollen … – zu spät.

**SKLAVEN-PHONITIS.** Ihr Handy hat Sie versklavt. Es zwingt Sie zu Überstunden, sorgt für Ärger in Ihrer Beziehung und hat Ihre Kinder besser im Griff als Sie.

**ZOMBIE.** Sie sind mutiert. Das kann doch nicht wahr sein?! Wird Ihr Handy Sie pflegen, wenn Sie alt und krank sind? Wärmt es im Winter? Nein.

**WACHEN SIE AUF.** Wenn Sie Ihre Sklaven-Phonitis jetzt nicht ändern, ändert sie Sie!

**… zum Zombie.**

# Wie viel Sklaven-Phonitis steckt in Ihnen?

Kommt Ihnen bekannt vor? Trifft auf Sie zu? Machen Sie Ihr Kreuz!

- Sie sehen am Tag häufiger auf Ihr Display als in die Augen Ihrer Lieben.

- Sie nehmen Ihr Handy immer mit aufs Klo und Anrufe an während Sie …

- Ein Leben ohne Pornos oder ohne Mobiltelefon? Sie behalten Ihr Handy, auch ohne die XXX-Seiten.

- Wenn Sie nachts aufwachen, sehen Sie sofort auf Ihr Handy-Display – natürlich nur wegen der Uhrzeit.

- Im Flugzeug lassen Sie Ihr Handy an. Sobald Sie landen, starten Sie ein Telefonat mit: „Ich bin gerade gelandet."

- Die Ampel wird dunkelgelb, sie geben Gas und drücken bei Rot auf „posten".

- Wenn Sie jemanden anrufen, fragen Sie als Erstes: „Wo bist du gerade?".

- Jeden zweiten Anrufer begrüßen Sie mit: „Ich kann jetzt nicht sprechen, ich bin … !".

- Bei Sex, Meeting, Begräbnis, Hochzeit oder Geburt vibriert Ihr Handy „lautlos". Nach dem dritten Mal gehen Sie ran.

- Sie stehen im Freien und möchten wissen, wie das Wetter ist. Ihre App sagt: Sonne! Warum werden Sie dann nass?

- Wenn Sie sich vorstellen, was Ihre Mutter auf Ihrem Handy finden würde, schämen Sie sich. Sehr.

- Sie versenden Textnachrichten, obwohl sich der Empfänger in Rufweite befindet.

- Sie beenden Beziehungen per Textnachricht.

- Sie haben Sex per Textnachricht.

- Sie schalten Ihr Handy niemals aus.

# Achtung, jetzt macht es „pieks"!

**SIE SIND STEPHEN KING!** Oder sein Held aus „Puls". Clayton Riddell besitzt kein Handy, genau wie sein Erschreiber. Diese Tatsache rettet Clayton vor der Apokalypse, die alle Handy-Besitzer eines unschönen Tages in Zombies verwandelt. Und Sie wissen ja, was Zombies besonders gerne lebend futtern – jaja, das darwinistische Prinzip. Aber Moment mal, Sie lesen dieses Buch und besitzen kein Handy? Entweder Sie sind sehr gesund oder seeeehr krank. In jedem Fall: weiterlesen!

# 1–5

**FÜNFEINHALB FINGER:** Das war die schlechte Nachricht. Ihr sechster Finger wächst gerade. Wenn Sie ihn ganz schnell loswerden möchten, geben Sie Ihr Handy doch einfach Ihrer Mutter oder Ihrem Chef – was sie oder er dort findet, wird Ihnen so peinlich sein, dass Sie fortan vernünftig mit Ihrem Lieblingsspielzeug umgehen. Wie das geht? Lesen Sie weiter.

# 6–15

**HALLO SMARTPHONE-ZOMBIE!** Dass SIE diese Zeilen lesen?!? Sie wandeln doch bereits untot unter uns und haben für den echten Todesfall verfügt, dass Ihr Handy mit Ihnen ins Holzkleid oder Fegefeuer wandert. Wenn Sie weiter aufs Display starrend Straßen und dunkelgelbe Ampeln mit Bleifuß queren, wird dieser Wunsch auch bald in Erfüllung gehen. Vorher sollten Sie bedenken, dass auch Ihr Handy nicht überlebt, wenn Sie von der Müllabfuhr zu Kompost gefahren werden, während Sie #Scheiß #Verkehr twittern. Die Folgeseiten werden Ihr Leben retten. Denn ja, dieses Buch bremst auch für Smartphone-Zombies – noch.

# ERSTE HILFE ✚

# BLITZ-THERAPIE*

\* in Einzeller-kompatiblen Schritten

# 1

# YES, MASTER!

**SIE SIND DER CHEF:** Wenn Sie das Ihrem Handy nicht sofort klarmachen, wird es Sie versklaven. Dabei wird es so geschickt vorgehen, dass Sie es erst merken, wenn Sie zum Smartphone-Zombie mutiert sind.

**IHR HANDY WILL SIE BEHERRSCHEN.** Deshalb wird es von Anfang an versuchen, eine intime Beziehung zu Ihnen aufzubauen. Es wird versuchen, Ihre geheimsten Gedanken und Wünsche zu erraten. Schlimmer noch, es wird Ihnen Worte verleihen. Und was kommt dabei raus? Teufelszeug. Beweise gefällig?

**SIE TIPPEN: „HALLO PAPI", IHR HANDY SCHREIBT: „HALLO SARG".**
Aus „Du bist echt nett" macht es „Du bist echt fett", aus „Frohe Weihnachten" wird „Droge Weihnachten" (was Zynikern durchaus korrekt erscheinen mag), an Neujahr wird „Prost" zu „Sport" (unheimlich, hat Ihr Handy Ihre guten Vorsätze erraten, übersetzt es Botschaften Ihres Unterbewusstseins?), doch dann ist mit dem „Guten Futsch" alles aus und vorbei. Wenn Sie jetzt noch „Allright" tippen, dann erfahren Sie, was Ihr Handy in Wirklichkeit anstrebt: „Alleinherrschaft". Damit kennen Sie schon mal seine Grundeinstellung. Alle weiteren nehmen Sie selbst in die Hand.

**DEAKTIVIEREN SIE\*:**
— die Autokorrektur-Funktion für alle Texte.
— alles, was Ihr Handy attraktiv für Hacker und andere Einbrecher macht und Akkulaufzeit frisst: Bluetooth, persönlicher Hotspot, automatische WLAN-Suche, Ortungsdienste für alle Programme, die kein Navigationssystem sind (Facebook, Kamera ...).
— die Push-Funktion für E-Mail-Downloads. Entscheiden Sie selbst, wann Sie Zeit für Post haben und laden Sie Ihre E-Mails manuell.
— automatische Benachrichtigungen, die Ihr Handy zum Dealer für Dauerablenkung machen. Das betrifft vor allen Dingen Apps (Soziale Netzwerke, Messenger), aber auch Geburtstagserinnerungen. Möchten Sie wirklich an die Geburtstage aller Xing-Kontakte erinnert werden? Nein, oder?

---

\* Die Begriffe variieren von Hersteller zu Hersteller. Dieses Buch ist keine Betriebsanleitung, sondern ein Appell an Ihren gesunden Menschenverstand. Der schaltet sich automatisch ein, wenn Sie sich intensiv mit den „Einstellungen" Ihres Handys befassen. Falls Sie dann immer noch Technik-Bahnhof verstehen, googeln Sie Sätze wie „Wie deaktiviere ich ..." und freuen sich über die vielen Menschen, die die gleiche Frage hatten.

# 2

# BITTE NICHT HÖREN

**UND DENNOCH: AUFWACHEN!** Die Börsen-Kasper, die damit Geld verdienen, dass wir unersättlich Daten surfen und Telefonminuten konsumieren, sind sich unserer Versklavung so sicher, dass sie sogar Funktionen anpreisen, die unseren Konsum einschränken.

**WENN HANDY-HERSTELLER DAMIT WERBEN,** dass man sein Telefon durch einen „Nicht stören"-Modus außer Gefecht setzen kann, ist das eine Bankrotterklärung für unseren Menschenverstand. Mehr noch, sie entwickeln „neue" Funktionen für alle DAHS (dümmst anzunehmenden Handy-Sklaven), deren Finger zu schwach für den Ausknopf und deren Hirne offensichtlich bereits zu weich gestrahlt sind für die Erkenntnis, dass „Flugmodus" denselben Zweck erfüllt: Stille, Ruhe, Ungestörtsein. Und diese widersinnige „Innovation" wird in millionenschweren Werbespots\* beworben? Richtig.

**SIND DIE FIRMEN VERRÜCKT GEWORDEN? NEIN.** Die Verrückten sind wir. Warum? Weil die Mehrheit inzwischen an Flatrate-Verträgen hängt wie Leibeigene an der Kette. Bevor Sie zum Darsteller eines Werbespots zum Thema „Neu! Ihr Handy hat einen Ausknopf. Aktion: Gratis Zweithandy für alle, die im Monat 100 Minuten ausschalten!" mutieren, bringen Sie Ihr Handy selbst zum Schweigen:

— **LAUTLOS:** Das ist Ihr „Klingelton", sobald Sie ungestört leben und arbeiten möchten oder in der Öffentlichkeit lustwandeln. Beliebter Fehler: Weil Sie Angst haben, etwas zu verpassen, lassen Sie Ihr Handy im Lautlos-Modus vibrieren – nur zur Sicherheit, vielleicht ruft ja Gott an. Falls Gott Ihnen etwas Wichtiges zu sagen hat, wird er erneut anrufen oder Ihnen eine Nachricht hinterlassen. Aber, um Gottes Willen: Schalten Sie das Vibrieren ab, es macht einen Höllenlärm!
— **VIBRIEREN:** Das brauchen Sie jetzt nicht mehr, es sei denn, neben Ihnen arbeitet ein Presslufthammer, Sie erwarten den Anruf von Gott und stehen darauf, wenn er in Ihrer Hose vibriert.
— **FLUGMODUS:** Grandios! Der Wecker funktioniert trotzdem. Die ideale Einstellung für einen störungsfreien Nachtflug im eigenen Bett.

\* Der Spot bewirbt das „Microsoft Windows Mobile Phone 7" mit dem Slogan „It's time for a phone to save us from our phones. New Windows Phone: Designed to get you in and out and back to life". Ansehen: http://youtu.be/55kOphD64r8.

# 3

# HÖREN SIE AUF

**KLINGELTON-TERROR:** Im Geschäftskontext ist Ihre akustische Visitenkarte im Hörfall so aussagekräftig wie ein Bikini-Foto auf Xing. Denken Sie daran, dass ein Anruf Ihren Ruf ruinieren kann, wenn ein Ballermann-Hit ertönt.

**MIT KLINGELTÖNEN IST ES WIE MIT PARFUM.** Man selbst nimmt es irgendwann nicht mehr wahr, die Umwelt leidet stumm. Bis auf die Menschen, die einen gut riechen können, weil man Lieblingsmensch-Status genießt – was sicher nicht am Klingelton liegt. Weil Ihr Klingelton großen Einfluss auf Ihr Stresslevel und das Ihrer Umwelt hat, ein paar Tipps, die die Fronten entspannen:

— **KEIN LIEBESLIED:** Rihanna, Rammstein oder Roland Kaiser – es ist ganz gleich, welcher Interpret Ihren Lieblingsohrwurm dudelt. Fakt ist: Er sollte es nicht als Klingelton tun. Den will keiner hören – außer Ihnen. Aber auch nicht mehr lange: Sie werden den Song hassen, sobald Ihr Hirn damit die nervigen Anrufe Ihres Workaholic-Chefs, die Kontrolle Ihrer On-Off-Beziehung und die entseelten Stimmen von Callcenter-Zwangsarbeitern assoziiert.

— **UNTERTÖNE:** Natürlich können Sie die psychologische Macht der Musik nutzen und den Menschen, die Sie am häufigsten anrufen, Klingeltöne verpassen, die geheime Botschaften bergen, Sie listig lächeln lassen und in Weltherrscher-Stimmung versetzen, sobald Sie bei der ersten Note erkennen, wer anruft. Aber ganz ehrlich: Das ist auch nur so lange lustig, bis Ihr Chef hört, dass bei Ihnen Placebo „F*** U" singt, sobald er Sie aus dem Nebenraum anruft.

— **DEN RICHTIGEN TON FINDEN:** Wählen Sie einen rhythmischen Sound, der Ihre Laune hebt und Sie entspannt, sobald er ertönt.

— **NIEMALS** Klingeltöne in der Öffentlichkeit testen – es sei denn, Sie haben Sehnsucht nach einem Satz heiße Ohren.

— **FREIZEICHEN-GEDUDEL:** Nein. Nein. Nein. Und nochmals: NEIN.

# 4

# SESAM ÖFFNE DICH NICHT

**ES IST ERSCHRECKEND,** wie viele Menschen erziehungsberechtigt sind, obwohl sie nicht in der Lage sind, ihre eigene Sicherheit durch einfachste Handy-Konfigurationen zu gewährleisten.

**PASSWÖRTER, PIN-CODES, JAHRESTAGE:** Wer soll sich das alles merken? Ihr Handy natürlich! Das merkt sich so viele Nummern so erfolgreich, dass Sie Ihre eigene Handynummer vergessen haben – ist ja auch verständlich, Sie rufen sich so selten an. Aus demselben Grund müssen Sie auch zu viele lebenswichtige Minuten nachdenken, bis Ihnen einfällt, dass Ihnen die europaweite Handy-Notrufnummer* nicht einfällt. Der Geist ist schwach, die Finger sind willig. Falls Sie sich dabei ertappen, Geheimzahlen** in Ihrem Handy zu speichern – Handschellen an! Bereits getan? Löschen!

**ZWEI CODES, DIE IHR HANDY SO DRINGEND BRAUCHT WIE STROM:**

**1. DEN PIN-CODE FÜR IHRE SIM-KARTE,** ohne den geht gar nichts. **TIPP:** Ihr Geburtsdatum oder -jahr scheint nur auf den ersten Blick sicherer als das daumennahe 9999. Wählen Sie eine Zahl, die Sie sich auch mit fortschreitender digitaler Demenz merken können, die aber aufs erste Nachdenken nichts mit Ihrem Leben zu tun hat. Schaffen Sie das? Sicher.

**2. EINEN CODE FÜR DIE AUTOMATISCHE TASTENSPERRE.** „Och nee", denken Sie, „ein Zahlenkondom für meine ‚Sofortness'-Libido?". Richtig. Genau dafür brauchen Sie ihn. Spätestens beim Wort „Libido" sollte Ihnen der gute Sigmund Freud wieder einfallen und der Hexenkessel, der eine Folge Ihrer durchs Handy völlig entfesselten Triebhaftigkeit sein kann. Abgesehen von Diebstahl, Geschäftsgeheimnissen, fatalen Tipptaten von Kleinkindern und dem Spionagedrang eifersüchtiger Liebespartner – ohne Code gehen Sie das Risiko ein, dass Ihr Intimleben mit all seinen Schattenseiten auf Facebook veröffentlicht wird. Denken Sie jetzt kurz an alle Daten, die Ihr Handy birgt. Und dann: Aktivieren Sie den Code!

---

\*  Auf Seite 78 und 79 können Sie Ihr Notrufnummern-Gedächtnis trainieren.
\*\* Fatalisten und Technik-Pessimisten gehen sowieso davon aus, dass der heimische Geheimdienst eine Kooperation mit jedem Netzbetreiber unterhält. Dennoch geht nichts über einen wohldosierten Placebo-Effekt.

# 5

# MACHEN SIE HANDY-SABBAT

**WUSSTEN SIE, DASS ES EIN KOSCHERES HANDY GIBT?**
Das kann weder ins Internet, noch fotografieren
oder SMS senden. Es kann „nur" telefonieren.
Das jedoch wird am Sabbat teuer ...

**DREI EURO PRO MINUTE** zahlen jüdische Handyfonierer, wenn sie die Sabbat-Ruhe missachten und zum koscheren Telefon greifen. Radikales Fehlverhalten – radikal sanktioniert. Das ist ein Handykonzept, das die israelische Telekom 2011 auf den Markt gebracht hat.

**WAS KÖNNEN SIE VOM KOSCHEREN HANDY LERNEN?** Einiges.

— **MACHEN SIE HANDY-SABBAT:** Zelebrieren Sie mit Ihrer Familie einen handyfreien Tag am Wochenende. Falls das anfangs zu Palastrevolution und Entzugserscheinungen führt, starten Sie mit einem halben Tag und nehmen auch die Computer dazu. Planen Sie ein Alternativ-Programm* und genießen das echte Leben!
— **EIN EURO INS SCHWEINDERL:** Erlassen Sie Handy- und Bildschirmverbot bei allen Mahlzeiten und WC-Besuchen. Erwachsene, die dagegen verstoßen, zahlen 10 Euro, Teenies 3 Euro, Kids 50 Cent.
— **SCHLAF GUT, HANDY:** Gewöhnen Sie sich und Ihre Kinder daran, dass das Handy nachts ausgeschaltet wird und Bettverbot erhält. **ELTERN-TIPP:** Laden Sie alle Handys nachts in einem abgeschlossenen Raum auf.
— **URLAUB OHNE HANDY:** Das ist die perfekte Gelegenheit für digitale Entgiftung. Einige Tourismus-Profis haben das bereits erkannt: Hoteliers auf St. Vincent, Grenadine und St. Lucia knöpfen Besuchern bereits am Strand die digitalen Handwaffen ab, wünschen schönen „Offline-Urlaub" und versüßen ihn mit Coaching-Einheiten zum Thema „Digital Detox".
— **BLACK HOLE-HOTELS** sind ein weiterer Tourismus-Trend. Dort zahlen Menschen viel Geld für Zimmer ohne Handyempfang, Internet und Fernseher. Günstiger ist, Sie lassen Selbstdisziplin walten und erkennen ganz von alleine, wann Zuviel zu viel ist.

* Inspiration: www.zeit-statt-zeugs.de

**WAR DAS IHR HANDY?** Fassen Sie Mut! Hier und jetzt: Schalten Sie es aus. Aus! Falls Sie das noch nicht schaffen: lautlos <u>ohne</u> Vibrationsalarm heißt die Alternative. Für alle, die auf dieser Seite unter „eingebildetem Vibrationsalarm" leiden – er geht vorbei, wenn Sie weiterlesen.

**FÜR HÄRTEFÄLLE:** Kommen Sie bloß nicht auf die Idee, die rechte Seite zu fotografieren und all Ihren Freunden zu senden!

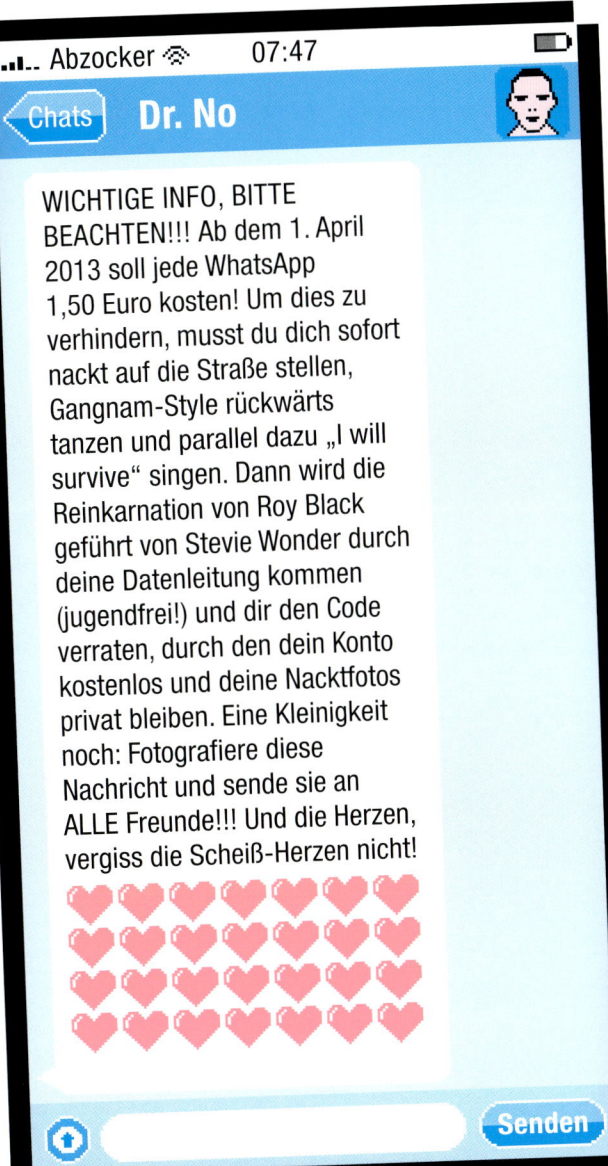

Chats  **Dr. No**

WICHTIGE INFO, BITTE BEACHTEN!!! Ab dem 1. April 2013 soll jede WhatsApp 1,50 Euro kosten! Um dies zu verhindern, musst du dich sofort nackt auf die Straße stellen, Gangnam-Style rückwärts tanzen und parallel dazu „I will survive" singen. Dann wird die Reinkarnation von Roy Black geführt von Stevie Wonder durch deine Datenleitung kommen (jugendfrei!) und dir den Code verraten, durch den dein Konto kostenlos und deine Nacktfotos privat bleiben. Eine Kleinigkeit noch: Fotografiere diese Nachricht und sende sie an ALLE Freunde!!! Und die Herzen, vergiss die Scheiß-Herzen nicht!

Senden

# 6

# PIEPEN SIE NACH DEM TON

**SIE HABEN KEINE MAILBOX?** Das ist ein Weg. Der andere ist, Ihre Anrufbeantworter-Ansage zum Türsteher Ihrer Arbeits- und Freizeit zu machen. Alles, was Sie dazu brauchen, ist: Klartext.

**ANRUFER, DIE IM MASCHINENGEWEHR-PRINZIP** anrufen, auch wenn Sie mit dem ersten Nicht-Rangehen gezeigt haben, dass Sie jetzt nicht erreichbar sind, gehören vor ein Stressgericht. Diese Kategorie Anrufer hat meist kein anderes Anliegen als die Gewissheit, dass Sie für sie erreichbar sein MÜSSEN – immer und überall, wofür auch immer. Deshalb hinterlassen Terroranrufer meist keine Nachricht, sondern senden nach dem fünften vergeblichen Anruf binnen 120 Sekunden eine Textnachricht „Wo bist du?!?", zur Sicherheit noch eine E-Mail „Kann dich nicht erreichen?!?".

**WAS HILFT? MACHTWORTE AUF IHRER MAILBOX.** Zur Inspiration:

Guten Tag, das ist die Mailbox von [Name]. Vielen Dank für Ihren Anruf, er erreicht mich außerhalb meiner Telefonsprechzeiten. Ja, Sie haben richtig gehört. Da ich kein Notarzt bin, habe ich mir ständige Erreichbarkeit abgewöhnt und telefoniere nur noch im Rahmen fixer Zeitoasen, die sich täglich ändern. Wenn Sie mir eine Nachricht hinterlassen, rufe ich Sie gerne zurück. Wenn Sie mir keine Nachricht hinterlassen, gehe ich davon aus, dass Ihr Anliegen nicht wichtig ist oder Sie mir ein neues Handy verkaufen möchten – danke, eines reicht.

**DIESE ANSAGE RETTET IHREN URLAUB,** auch wenn Sie ihn zu Hause erleben und statt von Sonne vom Mobilfunknetz bestrahlt werden. Als Sprecher engagieren Sie einen Freund mit „Oh là là"-Stimme.

Hallo, Sie haben den Urlaubsassistenten von [Name] erreicht. Damit [Name] mal so richtig abschalten kann, macht er Urlaub im Funkloch und ist bis [Tag, Datum] nur für Luft und Liebe [schönes Wetter, Johnny Walker, den lieben Gott, Massagehände – was immer Ihnen entspricht] erreichbar. Sollte Ihr Anruf in kausalem Zusammenhang mit einem Weltuntergang stehen, freut sich [Kollege] über Ihren Notruf. Sie erreichen ihn unter 123 45 666 [die strafbare Variante: 112].

**WAS KEINER HÖREN WILL:**

— Die Retorten-Stimme Ihres Netzbetreibers, die in der Ansage Ihrer Nummer mündet – wer soll wissen, ob das Ihre ist? Plus: Unsere Hochgeschwindigkeitswelt ist bereits unpersönlich genug.

— Mailbox-Späße à la: „Piepen Sie nach dem Ton" – wobei … ;-).

# 7

# WERDEN SIE KEIN DAPP!

**EIN DAPP IST EIN MENSCH,** der mehr Apps hat als Verstand. Welche Apps verwandeln Ihr Handy in ein Schweizer Messer? Hier eine kleine, subjektive Auswahl praktischer Apps der Kategorie „gratis bis sehr günstig".

**MOBILITÄT & REISEN:**

— **MYTAXI:** Taxiruf per Fingerdruck für 30 deutsche Städte, Wien, Zürich. Anfahrts-Status und Fahrpreisrechner inklusive.

— **ÖFFI:** Echtzeit-Fahrplanauskunft für über 15 Länder.

— **GOOGLE-ÜBERSETZER, LEO-WÖRTERBUCH:** Ihre Reise-Dolmetscher.

— **TRIPADVISOR, QYPE:** Hotels, Restaurants, Shops etc. in Ihrer Nähe, User-Bewertungen inklusive.

— **DB NAVIGATOR:** Alle Schienenverkehrsinfos in Echtzeit.

— **FLUGGESELLSCHAFTEN:** Apps für den mobilen Check-In sparen Zeit.

**INFORMATIONS- & ZEITMANAGEMENT:**

— **FLIPBOARD, TAPTU, ZITE:** Ihr individuelles Nachrichten-Magazin.

— **POCKET:** Speichert Artikel, die Sie später lesen möchten.

— **EVERNOTE:** Ihr virtuelles Gedächtnis für Notizen aller Art.

— **WUNDERLIST, TEUXDEUX:** Aufgabenmanagement schön und einfach.

— **DROPBOX:** Ihre mobile Festplatte für unsensible Daten.

— **AVAST:** Kostenlose, sehr umfangreiche Anti-Virus-App.

**KOMMUNIKATION & MUSIK:**

— **WHATSAPP, KIK, SKYPE, FACETIME:** SMS- und Telefonkosten senken und im Fall von Skype und Facetime videofonieren.

— **XING, LINKEDIN:** Oftmals aktueller als Ihr Adressbuch.

— **SOUNDHOUND, SHAZAM:** Erkennen Musiktitel via Schallquelle.

— **TUNEIN RADIO:** Zugriff auf Zehntausende Radiosender weltweit.

— **SPOTIFY:** Zukunftsweisender Streaming-Player am Musikhimmel. 9,99 Euro pro Monat* – für Musikliebhaber zahlt sich das aus.

**EINKAUFEN:**

— **BARCOO:** Barcode-Scanner, der zu Produkt- und Preisinfos führt.

— **IDEALO, GEIZHALS:** Preisvergleich an Ort und Stelle.

* Stand: Januar 2013.

# 8

# SEI-KEIN-ZOMBIE-KNIGGE (1)

**GEHEN SIE MIT GUTEM BEISPIEL VORAN** – ahnden Sie jeden, der gegen den guten Handyton verstößt. Wissen Sie, wie man das nennt? Weltverbessern. Am besten, Sie fangen gleich damit an!

**SO WEIT SIND WIR GEKOMMEN:** Die „Deutsche Knigge Gesellschaft"
erlaubt seit 2011 das Schlussmachen per SMS. Wenn in Ihrer Brust
ein Herz schlägt, dann werden Sie kein Handy-Herzensbrecher.

**UND DAS WERDEN SIE AUCH NICHT:**

— **LADEKNECHT:** Wissen Sie, woran Sie einen Smartphone-Zombie
erkennen? Das ist der, der in Zügen und auf Flughäfen auf dem
Boden herumkrabbelt und ohne voyeuristische Gedanken unter
Ihrem Tisch auftaucht. Warum tut er das? Weil er Strom sucht.
Für sein Smartphone. Wie paradox: Mobilfunk heißt, dass wir
uns frei bewegen können. Das Gegenteil ist der Fall: Je neuer
Ihr Handy, desto mehr Strom braucht es, desto unfreier werden
Sie. Statt Freiheit erhalten Sie einen Bodenplatz auf einem
Filzteppich. Ans Kabel gekettet werden Sie zum Symbol von
Sklaven-Phonitis. **TIPP:** Ladekabel bewusst vergessen, den Akku
leerlaufen lassen und den Lebensakku betanken.

— **KLOFONIERER:** Tatort Flughafentoilette: Damen üben sich in
Demut und stehen Schlange vor drei Türen. Plötzlich klingelt
es hinter der mittleren. Die Insassin hebt ab und beginnt zu
telefonieren. Eine Dame Mitte 50 rammt die Faust in die Tür und
schreit: „Hören Sie auf! Das ist kein Telefonhäuschen!".

**IDEE:** Was du nicht willst, das man dir tut, das füg' auch keinem
anderen zu. Sind Sie bereit? Dann helfen Sie mit! Lancieren Sie
eine Petition, die fordert, dass alle Telefonzellen mit sofortiger
Wirkung wiederauferstehen. An ihren Türen möge das Schild
„Fasse dich kurz" darauf hinweisen, dass wer darin handyfoniere,
es kurz und konzentriert tun möge. Wäre das nicht – ein Segen?

# 9

# SEI-KEIN-ZOMBIE-KNIGGE (2)

**WEIL ES SO SCHÖN ABSCHRECKEND IST:** Hier noch ein paar weitere Zombie-Beispiele, die Sie hoffentlich nie abgeben werden.

— **SPIELPLATZ-ZOMBIE:** Ihr Kind will mit Ihnen spielen. Sie sagen, Sie müssten vorher etwas „Wichtiges" erledigen und schicken es fort. Dann greifen Sie zum Handy und verlieren sich in Facebook-Meldungen* wie: „Neue Vorhänge!", „Doofer Tag", „Gerade Dirndl anprobiert", „Nur ein schneller Gedanke während der Fahrt (Video!!!)". Ist DAS wichtiger als Ihr Kind?

— **INTIM-FKK-ZOMBIE:** Sie wollen nicht zuhören, wenn „Max Muster" am Telefon gekündigt wird. Sie wollen nicht wissen, dass der Karriere-Clown neben Ihnen gerade die Weltwirtschaft in die totale Sonnenfinsternis treibt, weil er „Kaufen! Kaufen! NEIN! Verkaufen!!!" ächzt, bevor die U-Bahn im Funkloch verschwindet. Sie wollen nicht wissen, in welcher Hose es vibriert, wessen Herz schmerzt und was andere „asapst" erledigen müssen, damit sich das Hamsterrad weiterdreht. Und wissen Sie was? Alles, was Sie nicht wissen möchten, möchten andere Menschen auch nicht wissen. Deshalb: Schluss mit dem Intim-FKK am Handy!

— **HEADSET-ZOMBIE:** Früher war es einfach. Menschen, die man nicht kennenlernen wollte, wandelten in Schieflage: Ihr Headset presste ihren Kopf zur Seite, sie sprachen mit sich selbst, das Handy fest im Halfter, das Mikrofon vor dem Mund. Wenn man nüchtern war, wusste man sofort: Das ist kein Star Trek-Held, das ist ein Nerd. Heute ist das schwieriger. Alle tragen Kopfhörer, weil sie die Welt nicht mehr hören möchten. Wie wäre es, wenn Sie öfter auf Empfang schalten? Ihre Sinne. Nicht Ihr Handy. Die Welt ist voller Sinfonien, jede Stadt spielt ein Konzert, jeder Moment birgt eine Melodie – wenn Sie das alles nicht hören, dann verpassen Sie das Schönste in Ihrem Leben: Ihr Leben.

* Original-Statusmeldungen aus Chroniken von Facebook-Kontakten der Autorin.

# 10

# SCHWEIG, KLEINER WICHT!

**ÄNDERN SIE DIE REGELN:** Ständig erreichbar sein müssen nur Notrufnummern. Wenn Sie keine betreiben, dann wird es Zeit, Ihre Rufbereitschaft abzustellen.

**AUS. SCHALTEN SIE „ES" AUS!** Tun Sie es jetzt! Gönnen Sie sich diese Leseunterbrechung und schalten Sie Ihr Handy aus. Die Welt wird nicht untergehen, Gott wird nicht anrufen, Sie werden nichts verpassen, was Sie nicht auch ein bisschen später erledigen könnten.

**IN DIESEM „ERLEDIGEN" STECKT EIN AKTIV,** hören Sie einfach mit sofortiger Wirkung auf, ein Sklave Ihres Handys zu sein. Sehen Sie sich dieses Kleingerät mal ganz genau an. Lachen Sie ihm ins Display. Sagen Sie laut und deutlich: „Du kleiner Wicht!". Und dann schalten Sie es aus. Für ein paar Stunden. Vielleicht sogar über Nacht. Nehmen Sie sich Zeit für sich. Überdenken Sie, welchen Nutzen Ihr verdammtes, kleines Sklaven-Phone in Ihrem Leben stiftet. Hinterfragen Sie die persönliche Beziehung, die Sie zu ihm entwickelt haben.

**PERSÖNLICH? MENSCH, HÖREN SIE AUF!** Ihr Handy ist ein Gerät. Es hat kein Herz, keine Seele. Sein Blut ist aus Strom! Sie entscheiden über die Zufuhr. Machen Sie sich das bewusst. Und machen Sie sich bewusst, dass mit Ihnen Menschen aus Fleisch und Blut leben, die mehr verdienen als ein automatisiertes „Lg" oder ein „Es ist aus, weil es war nie an". Wenn Sie der Sklave Ihres Firmen-Handys sind, denken Sie bitte nur einen Satz: „Ständig erreichbar sind nur Sklaven!". Erweitert: „Wahre Manager ihrer Zeit haben sie im Griff und nicht umgekehrt". Was glauben Sie, was Ihnen mehr Erfolg bringt, das Sklavensein oder Ihr freier, kluger Menschenwille?

**ZWEIFEL?** Blättern Sie nach einer Gedenkminute zum Kapitel „Reputations-Infarkt" und suchen Sie sich einen neuen Job. Einen, der Ihre Menschenrechte würdigt. Alles andere ist Lebenszeitverschwendung.

# Wenn nichts mehr hilft: Mantras für Eltern.

**WAS WERDEN DIE KINDER VON SMARTPHONE-ZOMBIES?**

# SMARTPHONE-ZOMBIES.

Eltern dürfen nicht alles. Aber Sie dürfen mit gutem Beispiel vorangehen.

# VERBOTE MACHEN VERBOTENES ATTRAKTIV.

## PREDIGEN SIE NICHT, LEBEN SIE VOR!

Selbstverantwortung ist nicht angeboren, aber lernbar.

Der PIN-Code eines Handys heißt: gesunder Menschenverstand. Der ist trainierbar.

**DIE BEDIENUNGSANLEITUNG FÜR DAS HANDY IHRER KINDER SIND SIE!**

**JEDES HANDY HAT EINEN AUSKNOPF. FINDEN SIE IHN UND ZEIGEN SIE IHN IHREN KINDERN.**

Je besser Sie Ihr Handy im Griff haben, desto besser haben es Ihre Kinder und Sie Ihre Kinder im Griff.

## HANDYS HABEN TISCH- UND BETTVERBOT.

Die „Flatrate" Ihrer Kinder heißt: Prepaid-Karte.

**TEXTEN SIE IHRE KINDER NICHT ZU, SPRECHEN SIE MIT IHNEN.**

**SCHLIESSEN SIE „HANDY-VERTRÄGE" INNERHALB IHRER FAMILIE AB.**

## KLARE REGELN, GUTE UNTERHALTUNG.

Handy-Führerschein vor dem Ersthandy. Der Prüfer sind Sie!

Ein Notfall-Handy ist ein Notfall-Handy. Notfälle sind die Ausnahme, nicht die Regel.

## FAMILIENZEIT IST HANDYFREIE ZEIT.

Kostenkontrolle ist besser als Klingeltonpleite.

**IHR KIND IST EIN MENSCH, KEINE OFFENE DATEI.**

**IHR KIND HAT EINE PRIVATSPHÄRE. RESPEKTIEREN SIE DIESE UND BRINGEN SIE IHM BEI, SIE ZU SCHÜTZEN.**

Handymanieren sind die neuen Tischmanieren.

**NICHT VERDAMMEN, VERSTEHEN. ÜBERSETZUNGSHILFE FÜR TEXTNACHRICHTEN:**
**! F (.)(.) = I FACEBOOKED YOUR MOM**
**>I< = ICH BLOCKE ALLE DEINE PROFILE**
**()S() = DU KANNST MICH AM STATUS LECKEN**
**P911= PARENTS 911 = HILFE, MEINE ELTERN KOMMEN**

# Wenn nichts mehr hilft: Mantras für Firmen.

**STÄNDIGE ERREICHBARKEIT ERHÖHT DIE LEISTUNGSFÄHIGKEIT KURZFRISTIG. LANGFRISTIG ERHÖHT SIE DAS BURNOUT-RISIKO.**

Ein Firmenhandy ist keine Sklavenkette.

Unternehmenskultur ist Kommunikationskultur.

**SIE ARBEITEN NICHT AUF EINEM BRENNENDEN ÖLFELD. SIE ARBEITEN. BERUHIGEN SIE SICH.**

Multitasking ist Körperverletzung.

**WER STÄNDIG ERREICHBAR IST, IST NIRGENDS MEHR PRÄSENT.**

**PRODUKTIVITÄT = HANDY AUSSCHALTEN, HIRN EINSCHALTEN.**

Sie sind kein Notarzt. Es ist nur Ihr Job.

**MOBILE MITARBEITER BRAUCHEN MOBILE ARBEITSPLÄTZE.**

Kommunikation nach Geschäftsschluss, im Urlaub und am Wochenende ist keine Karrieretugend, sondern schlechtes Zeitmanagement.

**AUSSCHALTEN UND ABSCHALTEN IST TEIL UNTERNEHMERISCHER VERANTWORTUNG.**

Mitarbeiter sind keine Hochgeschwindigkeitsprozessoren.

**NUR NOTRUFNUMMERN SIND STÄNDIG ERREICHBAR. KUNDENSERVICE IST KEIN NOTRUF.**
**ES SEI DENN, IHR PRODUKT VERURSACHT NOTSTAND.**

Mailbox: Wer „umgehenden" Rückruf verspricht, ist unterbeschäftigt.

**SCHÜTZEN SIE IHRE MITARBEITER VOR SICH SELBST: SCHALTEN SIE DIE E-MAIL-SERVER NACH GESCHÄFTSSCHLUSS UND IM URLAUB AB.**

Unerreichbarkeit ist Synonym für Produktivität.

**DIE MITARBEITER VON ZOMBIE-MANAGERN SIND ZOMBIE-MITARBEITER.**

**SMARTPHONE-ZOMBIES LEISTEN WENIGER.**

Kommunikation ist Umsatz. Klare Regeln steigern ihn.

# ZWEITE HILFE

**IM SINNE EINER GANZHEITLICHEN THERAPIE** folgen jetzt motivierende, abschreckende und inspirierende Therapeutika aus der kreativen Alternativ-Medizin.
**TIPP:** Löschen Sie vor der Lektüre alle Cookies mit vorgefertigten Meinungen von Ihrer geistigen Festplatte.

# Versklavt vom eigenen Mobiltelefon?

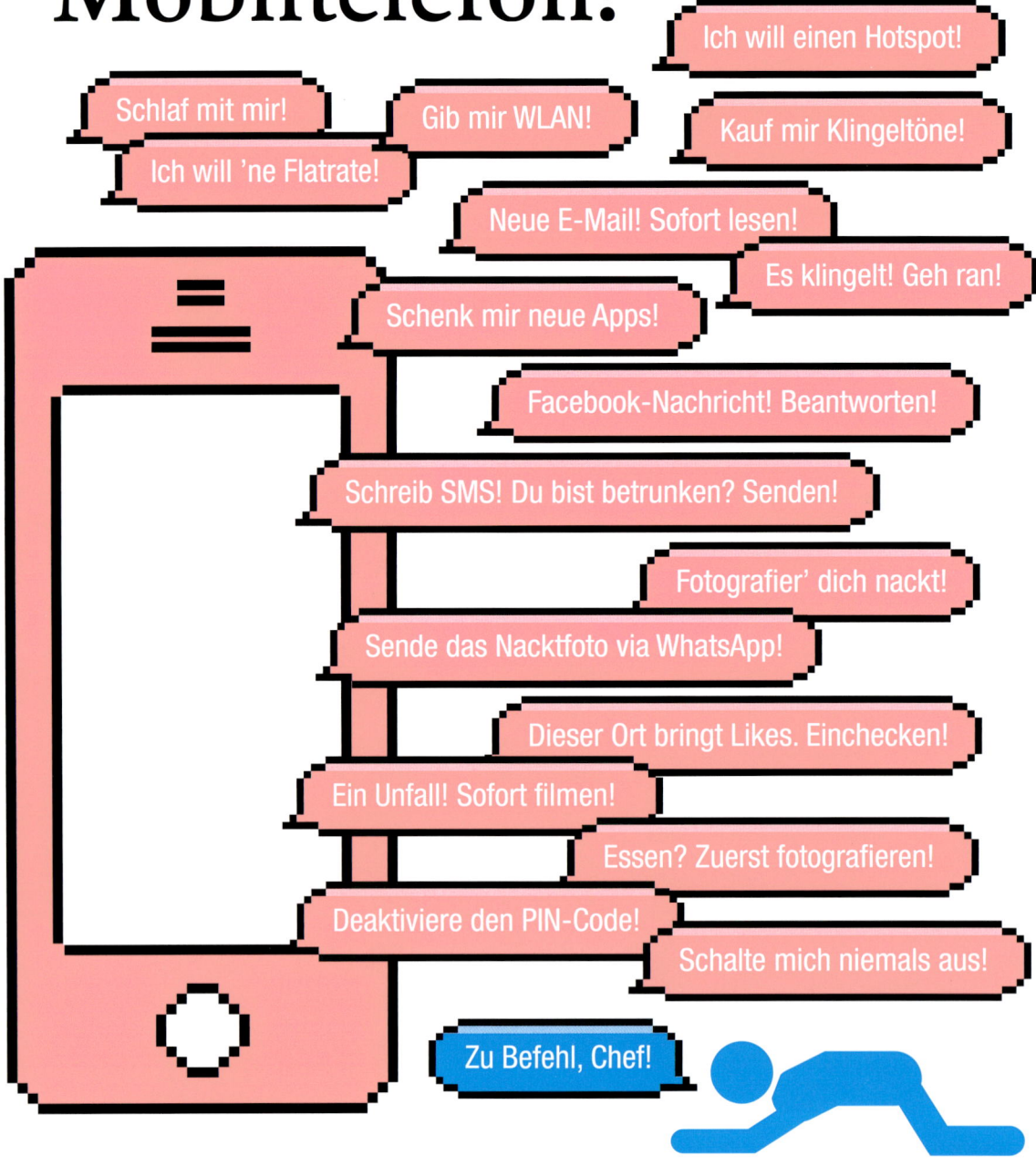

# Ihre Unabhängigkeits-erklärung!

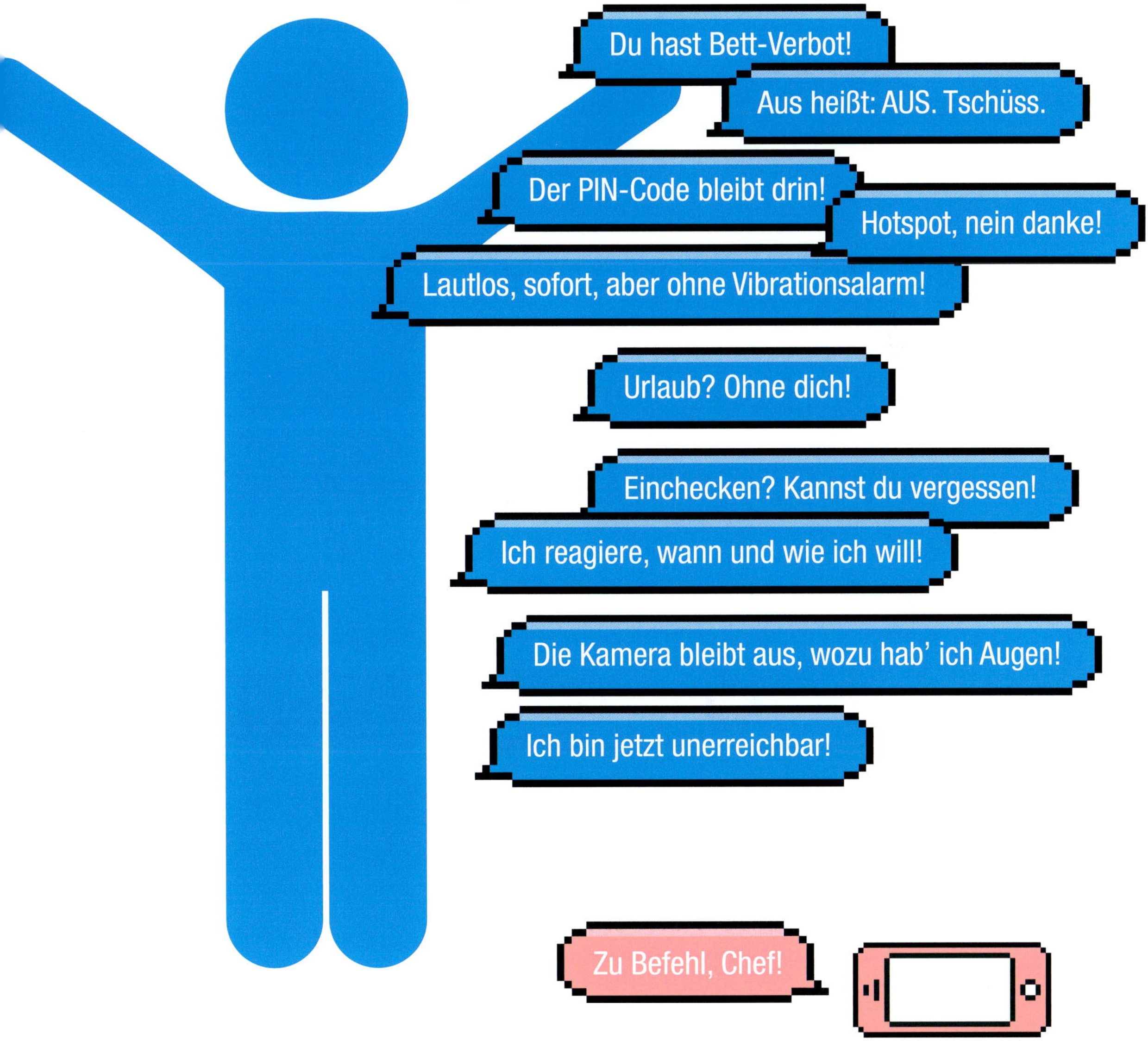

Du hast Bett-Verbot!

Aus heißt: AUS. Tschüss.

Der PIN-Code bleibt drin!

Hotspot, nein danke!

Lautlos, sofort, aber ohne Vibrationsalarm!

Urlaub? Ohne dich!

Einchecken? Kannst du vergessen!

Ich reagiere, wann und wie ich will!

Die Kamera bleibt aus, wozu hab' ich Augen!

Ich bin jetzt unerreichbar!

Zu Befehl, Chef!

\* Inspiriert von Manu Cornet, der unseren digitalen Irrsinn in Comics enttarnt: www.bonkersworld.net.

# Die Ohren-Müllabfuhr

## Kreuzen Sie die Sätze an, mit denen Sie Ihre Mitmenschen in Zukunft verschonen werden.

- HALLO? HALLO?!? HAAAAALLO? KANNST DU MICH HÖREN?

- WO BIST DU GERADE?

- KÖNNEN SIE SPRECHEN?

- ICH BIN GERADE GELANDET.

- [Angerufener meldet sich deutlich mit Vor- und Nachname.]
  SIE: „SPRECHE ICH DA MIT VOR-/NACHNAME?"

- AH, DU BIST EINKAUFEN. IST DAS DEINE FESTNETZNUMMER?

- HALLO, ICH BIN IM ZUG. HALLO? HALLO? HALLO?!? HAAAAALLO? DER EMPFANG IST SO SCHLECHT. ICH RUF' GLEICH NOCH MAL AN!

- MEIN AKKU WAR LEER.

- ICH KONNTE NICHT ZURÜCKRUFEN. ICH HABE EIN UPDATE GEMACHT UND JETZT SIND ALLE KONTAKTE WEG!

● **WAS? ICH VERSTEHE DICH NICHT! GEH' DOCH MAL NÄHER AN DEIN HANDY RAN!**

● **HALLO? SIE MÜSSEN LAUTER SPRECHEN! ICH FAHRE GERADE DURCH EINEN TUNNEL BZW. BIN IM AUFZUG.**

[Nach vier Mal läuten, widerwillig zum Handy greifen, dann gequält flüstern]
● **ICH KANN GERADE NICHT, ICH BIN …**
… IM MEETING, KINO, FLUGZEUG, AUF DEM BAHNHOFSKLO, KURZ VOR DEM JA-WORT, BEI DER MASSAGE, IM BEICHTSTUHL, IM SCHWEIGEKLOSTER, BEI DER BEERDIGUNG MEINER GOLDFISCHE, IN DER TELKO, BEIM ÜBERHOLEN IN EINER LANDSTRASSENKURVE, BEI DEN ANONYMEN TELEFONIKERN, IM KREISSSAAL, …

● **…, ICH MACHE GERADE …**
… KINDER, SIESTA, DROGENGESCHÄFTE, LULU, MEINE EHE KAPUTT, OFFLINE-URLAUB, EINEN WHISKEY-AUFGUSS UND EINEN SCHWEREN FEHLER, …

**Wollen Sie diese Sätze wirklich für immer löschen?**

**Ich bleibe ein Zombie.**   **Ja, weg damit!**

# Nahkampf-Training

Vier radikale Soforthilfen gegen Handy-Terroristen und Smartphone-Zombies.

### 1. DIE VORLESER-ATTACKE

Jemand telefoniert unerhört laut und unerhört intim in der Öffentlichkeit? Das können Sie auch, und zwar ohne Peinlichkeiten aus Ihrem Leben preiszugeben. Mehr noch, Sie können dabei extrem souverän und belesen wirken. Fotografieren Sie diese Seiten mit Ihrem Handy und tragen Sie den Text mit ansteigender Lautstärke vor:

**IN GEWISSER WEISE BEDEUTET VERGEBUNG BISWEILEN EINFACH, DASS WIR BESCHLIESSEN, DEN HASS IN UNSEREM INNEREN NICHT LÄNGER MITZUSCHLEPPEN,**

[Crescendo – lauter werden!]

**WEIL WIR BEGRIFFEN HABEN, DASS ER UNS VERGIFTET.**

**DIE EINZIG WIRKLICHEN MENSCHEN SIND FÜR MICH DIE VERRÜCKTEN, DIE VERRÜCKT DANACH SIND ZU LEBEN, VERRÜCKT DANACH ZU SPRECHEN, VERRÜCKT DANACH, ERLÖST ZU WERDEN, UND NACH ALLEM GLEICHZEITIG GIEREN – JENE, DIE NIEMALS GÄHNEN ODER ETWAS ALLTÄGLICHES SAGEN,**

[Hier können Sie: „Nehmen Sie sich verdammt noch mal ein Beispiel!" einfügen]

**SONDERN BRENNEN, BRENNEN, BRENNEN WIE PHANTASTISCHE GELBE WUNDERKERZEN.**

**DAS IST AUS „UNTERWEGS"** [JE NACH BILDUNGSGRAD IHRES GEGENÜBERS KÖNNEN SIE AUCH „ON THE ROAD" SAGEN] **VON JACK KEROUAC. ICH LESE ES IHNEN SO LANGE VOR, BIS SIE EHRFURCHTSVOLL SCHWEIGEN!**

## 2. WÄHLEN SIE 007

Machen Sie einen auf Agent. Setzen Sie eine Sonnenbrille auf. Fixieren Sie den Handy-Täter. Dann halten Sie Ihr eigenes Handy wie ein Funkgerät vor den Mund und blicken im Sekundentakt kontrolliert paranoid um sich.

Sprechen Sie in Agentensprache Sätze wie:

## „TARGET LOKALISIERT. TELEFONIERT GERADE. SAGT: ‚…‘

[Schlagworte aus dem Gespräch einfügen.]

## OK, KEINE FINGERABDRÜCKE. ICH NEHME DIE FINGER."

Wenn Sie glauben, Ihr Gegenüber ist mit Jack Bauer und „24" vertraut, dann sollte dieser Satz den Telefon-Terrorakt beenden:

## „I THINK WE'LL HAVE TO SEND RICHARDS IN!"*

## 3. GRUSS AUS DEM IRRENHAUS

Sobald Sie Ohrenmüll hören, rufen Sie einfach laut und strafend:

## „ICH HÖRE STIMMEN! SEID DOCH ENDLICH MAL RUHIG!"

… und halten sich demonstrativ die Ohren zu. Das wiederholen Sie so lange, bis Ihr Gegenüber aufgibt oder die Männer mit der Jacke ohne Armausgang kommen.

* Eric Richards ist der Mann fürs ganz Grobe in der TV-Serie „24". Zu seiner Dienstausrüstung gehört ein Koffer, der alles beinhaltet, was selbst Tote zum Reden bringt. Kurz: Richards ist eine Drohung, die man weder tot noch lebendig verwirklicht wissen möchte.

### 4. DIE ABHÖR-NUMMER

Sobald Sie einen Telefon-Terroranschlag erleben, starten Sie die Aufnahme-Funktion Ihres Handys, halten es – Display nach vorne – in Mundnähe Ihres Gegenübers und sehen ihm provokant in die Augen. Profis überreichen jetzt eine Visitenkarte*, auf der dieser Satz steht:

## „DIE MENSCHHEIT BEDANKT SICH FÜR EINEN ÖFFENTLICHEN EINBLICK IN IHR INTIMLEBEN. DEN BEWEIS IHRER AKUSTISCHEN UMWELTVERSCHMUTZUNG KÖNNEN SIE ZUR ABSCHRECKUNG IN KÜRZE AUF HANDYTERRORISTEN.COM HÖREN. GUTE UNTERHALTUNG."

Die Web-Adresse handyterroristen.com war im Januar 2013 noch erhältlich. Falls Sie der Menschheit einen Gefallen tun möchten, kaufen Sie sie und befüllen Sie sie mit akustischen Mahnmalen aus dem kalten Mobiltelefonkrieg.

* Günstige, kreative Visitenkarten in kleiner Auflage und weitere Werbewaffen für die gute Sache finden Sie bei uk.moo.com/de.

# Gedächtnisnummer

Hier sind Notrufnummern versteckt. Finden Sie die Einheitsnummer für Europa und zwei für Deutschland, Österreich oder die Schweiz.

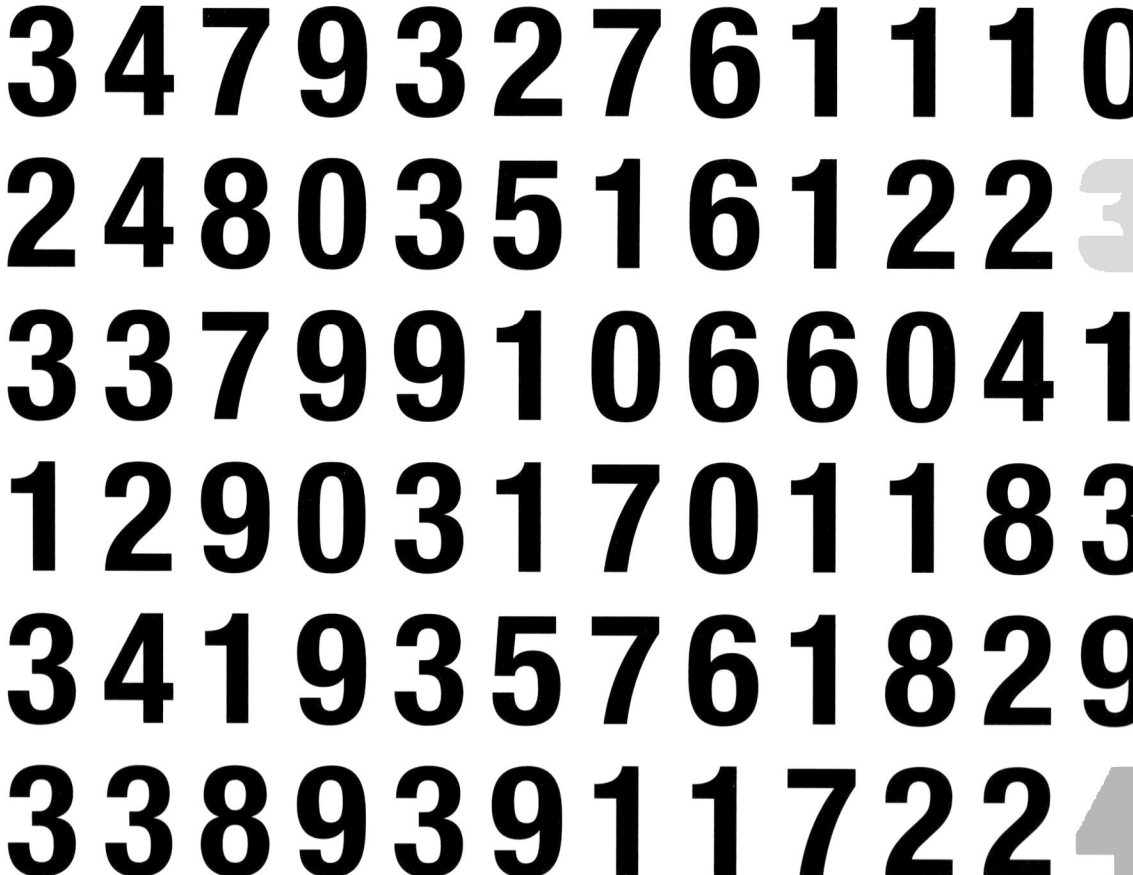

3479327611110
2480351612223
3379910660411
1290317011183
3419357611829
3389391117224

1 4 2 9 1 1 9 5 1 0 2 3
3 4 8 1 3 5 7 6 1 2 5 3
0 9 7 5 1 4 4 3 4 6 1 7
0 2 7 5 6 1 7 3 0 8 1 1
0 9 7 4 2 4 8 3 1 1 2 4
2 0 1 1 6 1 1 6 5 6 1 3
0 9 7 5 8 4 8 3 4 6 1 1
1 8 7 5 6 4 3 1 2 3 1 3
0 9 7 1 4 1 8 3 4 6 0 4

Die Auflösung steht auf der nächsten Seite. TIPP: Im Notfall kann „Nummern-tippen-mit-zitternden-Fingern"
auf einem Touchscreen fatal sein. Installieren Sie auf Ihrem Startbildschirm eine Notfall- oder Notruf-App für
Ihr Land, Reiseland und Ihre individuellen Bedürfnisse.

# Ihr neuer Handyvertrag

Kündigen Sie Ihren alten Vertrag, Sie brauchen einen neuen. Einen, der nur Ihre Interessen berücksichtigt. Den gibt's gratis. Und ja, Ihre Rufnummer können Sie mitnehmen.

## BRAIN IN, SHIT OUT: IHR „SMART XL"-TARIF

**FÜR ALLE ZELLEN & NOCH MEHR LEBENSSPASS:**

- ✦ Unbegrenzte Freiminuten für echte Liebeserklärungen, weltweit in alle Netze.
- ✦ 10.000 Stromschläge für inkontinente Smartphone-Nutzung (unlimitiert!!!).

**0 €**
pro Monat

**JETZT GANZ VIEL LEBENSZEIT GEWINNEN!**

### SONDERAKTION: GRATIS-FLAT! DIREKT ALS ERSTES AUSWÄHLEN!

Einfach alle drei Optionen ankreuzen und während der Vertragslaufzeit kostenlos nutzen!

○ Unbegrenzt mit Menschenverstand telefonieren

**0 €**

○ Unbegrenzt mit Menschenverstand surfen

**0 €**

○ Unbegrenzt mit Menschenverstand appen

**0 €**

\* Auflösung der vorherigen Seite: EU-Notruf: 112 für Polizei, Feuerwehr und Rettungsdienst; Deutschland: 110 Polizei, 116117 Ärztlicher Bereitschaftsdienst (kein Notarzt), 116116 einheitliche Sperr-Notrufnummer für Kredit- oder EC-Karten, 115 war die Notarztnummer der DDR, heute „Behördenruf"; Österreich: 133 Polizei, 144 Rettungsdienst, 141 Ärztlicher Bereitschaftsdienst (kein Notarzt), 140 Bergrettungsdienst, Höhlenrettung; Schweiz: 117 Polizei, 118 Feuerwehr, 144 Rettungsdienst.

## WEITERE HAMMERHARTE OPTIONEN! JETZT TOTAL GRATIS* DAZUBUCHEN!

### JETZT NOCH LÄNGER GEBREMST SURFEN
☐ Hirn einschalten, Ziele definieren, Zeit im Auge behalten, leben!

### WENIGER HIGHSPEED, DAFÜR MEHR VERGNÜGEN
☐ Langsam ist das neue Schnell: Die Schnecke wird Ihnen mehr über den Weg erzählen als der Hase – erleben und genießen!

### XL-LAUTLOSIGKEIT FÜR ALLE SMARTPHONE-TARIFE
☐ Noch leiser als leise: Das neue „Lautlos ohne Vibra", jetzt doppelt so still!

### REVOLUTIONÄR ANDERS UND FLEXIBEL: ALLES, WAS SIE NICHT BRAUCHEN
☐ Pre-Deinstallation aller Features der Kategorie „Handystaubmilben".

### MEHR SICHERHEIT: „CHILD PROTECT" FÜR IHRE KINDER UND IHR INNERES KIND
☐ Nie wieder Rechnungs-Streit und Ehekrach! „Child Protect" überträgt alle Smartphone-Bewegungen Ihrer Kinder live und verwischt IHRE Spuren!

### STAYS IN VEGAS-XXL: ANTI-VIRUS-PROGRAMM, TEXT- & ANRUF-BLOCKER, X-CODE
☐ Dieses Zusatzprodukt rettet Ihr Leben, deshalb kostet es auch entsprechend. Für Details rufen Sie unsere Hotline an: 666 666 666**.

### SONDERAKTION: BEI WAHL EINES LTE-SMARTPHONES 36 MONATE SKLAVEN-PHONITIS UND KLAPSMÜHLEN-WARTELISTEN-TOP-PLATZ INKLUSIVE!
☐ Nein, danke!

**Jetzt bestellen >**

* Glauben Sie an den Weihnachtsmann? Na also …!
** Nur 66 Euro pro Minute vom Festnetz, im Mobilfunknetz teurer.

# 4' 33"

**I TACET**

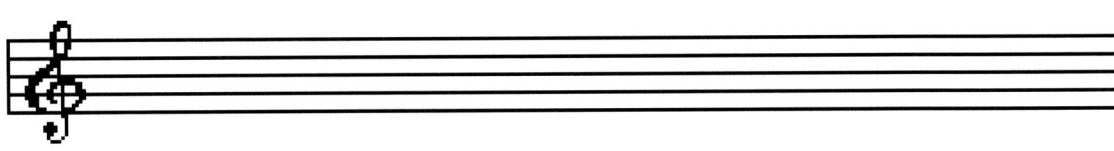

**II TACET**

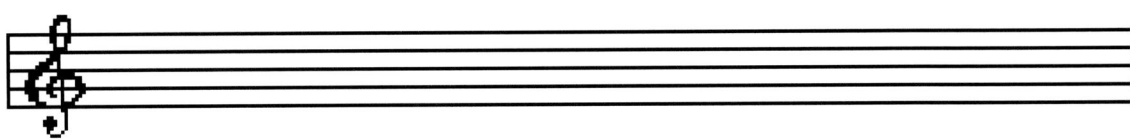

**III TACET**

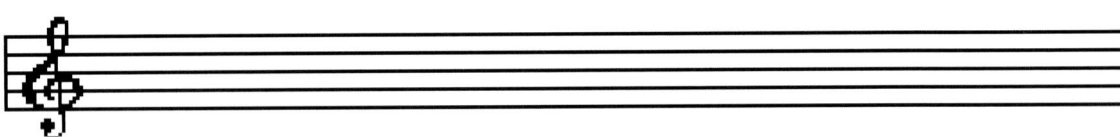

**TACET! LAUSCHEN SIE DER STILLE VON JOHN CAGE.** Da ist Musik drin:
Seine Komposition 4' 33" besteht aus vier Minuten und 33 Sekunden
reinster Stille. Genießen Sie sie und hören Sie nur auf das, was Ihnen
Ihr gesundender Menschenverstand jetzt zum Thema „Weg mit der
Sklaven-Phonitis" sagt. Schalten Sie Ihr Sklaven-Phone aus.
Leben Sie Ihr Ändern. Jetzt.

Sie halten die Stille nicht aus? Beruhigen Sie sich! Bevor Sie diese Seite zerreißen, laden Sie sich eine App runter, die Ihnen Stille aufs Handy bringt und eine weitere Therapiemaßnahme sein kann. Die App heißt „The Quiet Place". Besuchen Sie ihn mehrmals täglich. Falls das nicht hilft, sollten Sie ernsthaft darüber nachdenken, Ihr Smartphone gegen ein altes „Kann nur telefonieren"-Handy einzutauschen. Das wirkt garantiert.

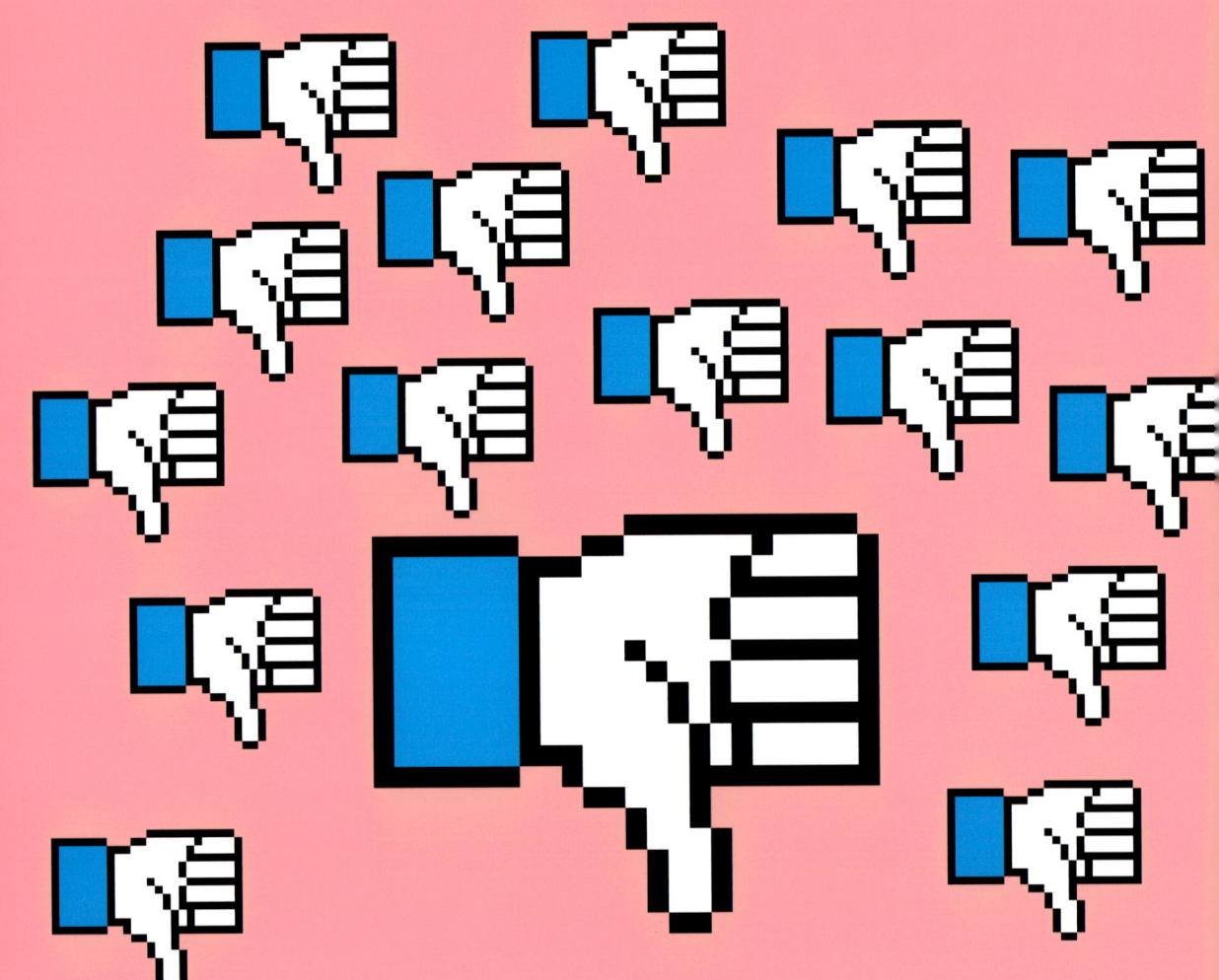

# Gefällt mir nicht

Ihnen und 1 Milliarde anderen Personen gefällt das nicht.

# Facebook-Inkontinenz

[TYRANNUS ZUCKERBERGUS ASOCIALIS]

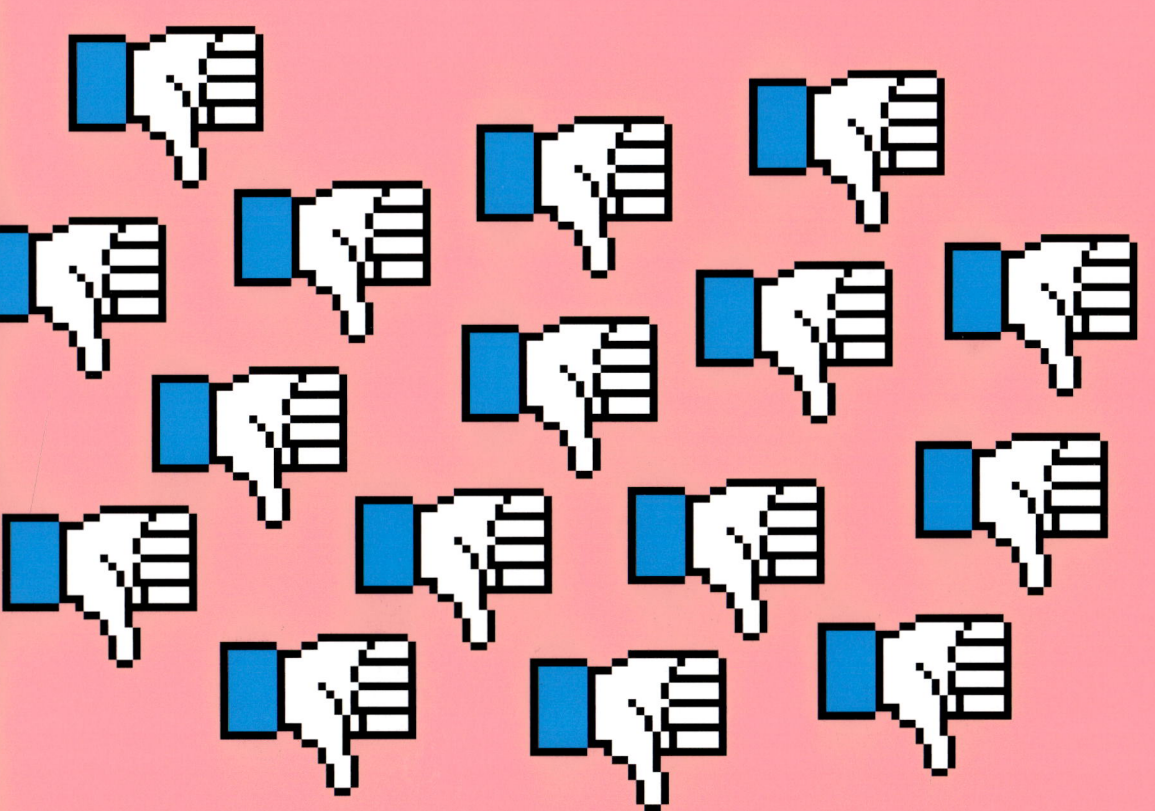

**FACEBOOK-INKONTINENZ:** Unerklärliche emotionale und multimediale Notwendigkeit, die Chronik des eigenen Lebens auch in allen schwachmatischen und würdelosen Details „ganz privat" mit allen Facebook-„Freunden" zu teilen. Unwiderstehlicher Drang, das Banale und Blöde, das Peinliche und Peinigende, das Einsame und Egomanische im Minutentakt als „überlebensnotwendige News" zu veröffentlichen, zu konsumieren und zu reproduzieren. Fotografier-, Film- und Check-in-Zwang. Insbesondere bei Essen, Sonnenauf- und -untergängen, Füßen am Strand und allen Live-Events, die der langweiligen Lebenssoße nach außen hin ein bisschen Chili verleihen.

**FACEBOOK-INKONTINENZ WURDE FRÜHER AUCH ALS** menschliche Unzulänglichkeit, Narzissmus, Voyeurismus, innere Stimme und Privatleben bezeichnet.

**VERWANDTE KRANKHEITSBILDER:** Sklaven-Phonitis, Reputations-Infarkt, Sinnlos-Surf-Syndrom, Identitätsverlust, Ego-Onanie, Ehebruch, Beziehungslosigkeit, Social Media-Burnout, Social Media-Suizid.

’Netter kleiner Shitstorm, der da gerade über die FDPisser reinbricht.

DANIEL ROUSTA, JURIST, POLITIKER UND
NACH DIESEM POSTING EX-MINISTERIALDIREKTOR,
AM 29.03.2012 IN DER NÄHE VON BOTNANG,
BADEN-WÜRTTEMBERG, VIA FACEBOOK

# FLUCH

**7** Stunden verbringt der durchschnittliche Facebook-Nutzer pro Monat im Netzwerk. Das sind 96 Stunden oder vier Tage Lebenszeit im Jahr. Facebook-Junkies schaffen es auf 15 Wochen- und 60 Monatsstunden und verbringen einen ganzen Monat im Jahr nur auf Facebook.
Quelle: Nielsen, 2012

**26,8 Mrd.** Euro ist die Arbeitszeit wert, die deutsche Unternehmen jährlich verlieren, weil ihre Mitarbeiter Facebook am Arbeitsplatz privat nutzen.
Quelle: YouCom, 2011

**73 %** der deutschen Internet-Nutzer von 12 bis 19 Jahren geben im Web Informationen über ihre Hobbys preis. 65 Prozent veröffentlichen eigene Fotos und Filme. Jeder zweite 9- bis 16-Jährige macht sein Profil für die Öffentlichkeit sichtbar, 26 Prozent ohne jegliche Einschränkung, 28 Prozent mit der Einschränkung „nur für Netzwerkmitglieder" – auf Facebook-Realo-Sprech: für eine Milliarde Menschen. Quelle: JIM-Studie 2011

# 205

Probanden zwischen 18 und 25 Jahren wurden von Wissenschaftlern der Universität Chicago für 14 Stunden auf Facebook-Entzug gesetzt. Die Analyse der Entzugserscheinungen ergab: Das Suchtpotenzial von Facebook ist größer als das von Nikotin und Alkohol. Nur Schlafen und Sex schienen den Probanden noch attraktiver als der Facebook-K(l)ick.

Quellen: Consumeraffairs.com, The University of Chicago Booth School of Business, 2012

# NUR 3.000

Facebook-Mitarbeiter erwirtschafteten im Jahr 2011 einen Nettogewinn von einer Milliarde US-Dollar.
85 Prozent des Umsatzes kommen aus der Werbung. Basis für den hohen Gewinn bei geringem Personalaufwand sind die hochpersonalisierten Profile der inzwischen einer Milliarde Facebook-Nutzer – jedes Like macht ein Profil wertvoller für Facebook und die Werbewirtschaft.

Quelle: Facebook

# 48 %

aller Facebook-Nutzer geben zu, dass Sie „zu oft" die Profile ihrer Ex-Partner anklicken.

Quelle: Mashable, 2012

# Facebook macht...

**DICK UND ARM:** Facebook-Nutzer haben ein größeres Selbstbewusstsein, dadurch jedoch weniger Selbst-kontrolle. Wissenschaftler der Columbia Business School und der Universität Pittsburgh haben in einer Studie einen Zusammenhang zwischen dem Verfolgen der Aktivitäten guter Freunde und Übergewicht sowie höherer Kreditkarten-Schulden entdeckt.

Quellen: Columbia Business School, University of Pittsburgh, 2012

**EHEN KAPUTT:** In jeder dritten Scheidungsklage in Großbritannien zählt Facebook zu den Gründen. Auch in den USA macht sich das Netzwerk als Ehekiller einen Namen. 81 Prozent der Anwälte der „American Academy of Matrimonial Lawyers" gaben bei einer Befragung im Februar 2010 an, dass sie einen enormen Anstieg von Klagen beobachten, bei denen Facebook eine Rolle spielt.

Quelle: Divorce Online, 2012

**BLÖD:** Das US-Finanzunternehmen „Credit Sesame" hat 50 ehemalige Einbrecher befragt: 80 Prozent waren davon überzeugt, dass sich ihre „Nachfolger" Informationen über Twitter, Facebook, Foursquare und Google Street View beschaffen. Aber auch Einbrecher verblöden dank Facebook. In den USA hatten Jugendliche 2012 Fotos ihrer Einbruchsparty veröffentlicht und die Fotos mit den eigenen Namen getagged – Party over.

Quellen: Credit Sesame 2011, Yahoo News 2012

**NEIDISCH:** Frust, Unzufriedenheit, Neid: Facebook löst laut einer Studie negative Gefühle aus. Als wesentlichen Grund sehen die Autoren der Studie den Neid auf die positiven Nachrichten der Facebook-Freunde.

Quellen: TU Darmstadt, Humboldt-Universität Berlin, 2013

**ABHÄNGIG:** China, Taiwan und Korea haben das Krankheitsbild „Internet Addiction Disorder" (IAD) 2012 in den offiziellen Katalog psychischer Krankheiten aufgenommen. Die USA setzen diesen Schritt 2013. Das nächste Krankheitsbild steht bereits in der Warteschlange für einen Eintrag im „Diagnostic and Statistical Manual of Mental Disorders", der „Bibel" der Psychologie: „Facebook Addiction Disorder", kurz: FAD. Ein einmonatiger Entzug kann kurzfristig helfen und langfristig die qualitative Facebook-Nutzung verbessern. Zu diesem Ergebnis kamen 50 „Heavy User" nach einer selbst verordneten Facebook-Abstinenz. Eine Frau fühlte sich während dieser Zeit „wie ein Kind, das seine Mutter verloren hat". Nach ihrer Pause beurteilten die Probanden ihre frühere Dauerpräsenz kritisch: Sie hätten zu viel Quatsch gelesen und geschrieben und viel zu viel Zeit verplempert. „Mir wurde (…) bewusst, dass sich auf Facebook eigentlich 90 Prozent Unwichtiges und Oberflächliches abspielt", sagte ein 31-Jähriger. Jeder Zweite nahm sich vor, nach dem Entzug „weniger" Zeit auf Facebook verbringen zu wollen – ganz darauf verzichten wollte dennoch keiner.

Quellen: Mashable, 2012, Süddeutsche Zeitung, 2010

**MAMA KREATIV UND PAPA MILITANT:** Die amerikanische Bestseller-Autorin Reshonda Tate-Billingsley verdonnerte ihre Tochter dazu, ein Bild zu posten, auf dem die 12-Jährige ein Schild mit folgender Aufschrift hält: „Weil ich Fotos poste, auf denen ich mit Alkohol zu sehen bin, weiß ich offensichtlich nicht, wie man sich im Netz benimmt. Bye Bye :-(." Im Februar 2012 zerschoss der Amerikaner Tommy Jordan den Laptop seiner Tochter, nachdem sie sich auf Facebook über ihre Haushaltspflichten beklagt hatte. Papa Jordan filmte den Laptop-Mord, postete das Video auf die Facebook-Pinnwand seiner Tochter und auf YouTube – 36 Millionen Aufrufe binnen acht Monaten.

Quellen: Huffington Post, YouTube, 2013

# SEGEN

Perspektivenwechsel: Wenn Facebook unsozial und schlecht ist, dann sind es eine Milliarde Menschen auch. Das kann doch nicht sein, oder? Natürlich nicht.

**DER KOMMUNIKATIONSFORSCHER MICHAEL GIESECKE\* BRINGT DAS ZWANGS-LÄUFIGE HASS-LIEBESSPIEL VON FLUCH UND SEGEN PERFEKT AUF DEN PUNKT:**

„Entweder die Gesellschaft lässt sich von den Versprechungen der neuen Technologien blenden, macht die wenigen Warner lächerlich und führt sie dann rasch durch – oder aber, sie hebt ihre Nachteile hervor und führt sie dann nicht in die Kultur ein. Es scheint ein Gesetz zu geben, dass die Ambivalenzen der Medien und Technologien in der öffentlichen Diskussion immer unterdrückt werden müssen. Wie von selbst vollzieht sich in Anbetracht technischer Errungenschaften eine mechanische Aufspaltung der Meinungen in der öffentlichen Diskussion. Es gibt nur ein Entweder-Oder.

 Und man vergisst nur zu leicht, dass die Stärken aller neuen Medien zugleich auch ihre Schwächen sind. Je gewaltiger die Versprechungen eines Mediums sind, desto gewaltiger fallen seine Zerstörungen auf anderen Feldern aus.

\*  Michael Giesecke, „Freut Euch über die Ambivalenz der Buchkultur!". Diese lesenswerte Streitschrift können Sie als PDF auf www.michael-giesecke.de herunterladen. Einfach „Ambivalenz" in die Suche eintippen.

**FACEBOOK ALS REVOLUTIONSHELD:** Der „Arabische Frühling" war keine Facebook-Revolution, sondern eine Revolution von Menschen. Von medienkompetenten Menschen, die den Kommunikationssegen der Facebook-Technologie genutzt haben, um den Demokratisierungsprozess voranzutreiben. Bevor Sie jetzt selig lächeln: Raten Sie mal, wer die Propagandamacht von Facebook früher erkannt hat als demokratische Menschen. Na …? Tipp: Vergleichen Sie die Fanzahlen von Diktatoren und Rechtsradikalen mit denen anständiger Volksverführer. Quelle: Menschenverstand 2.0

**FACEBOOK ALS EMPATHIE-TURBO:** Dank Internet und Facebook kann sich die gesamte Menschheit als „erweiterte Familie" fühlen. So beschreibt der Ökonom und Soziologe Jeremy Rifkin den sozialen Netzwerksegen in „Die empathische Zivilisation". Das Buch wird von Technikpessimisten als naiv verrissen und von all jenen geliebt, die das Netz als erweiterte Heimat begreifen.

**FACEBOOK ALS HEIMAT:** Jugendliche fühlen sich ohne Facebook und Handy einsam. Umkehrschluss: Dank Facebook und Handy fühlen sie sich in Situationen geborgen, in denen sie sich früher einsam fühlten.

Quelle: Intersperience, 2012

**FACEBOOK ALS LEBENSRETTER:** Das Netzwerk hilft, Organspender zu finden oder Krankheiten zu erkennen. Ein Beispiel: Als der vierjährige Sohn der US-amerikanischen Autorin Deborah Copaken Kogan am Muttertag 2011 mit undefinierbaren Krankheits-symptomen erwacht, ein Arzt-besuch nichts bessert und der Körper des Kleinen am nächsten Morgen bis zur Unkenntlichkeit geschwollen ist, postet sie in ihrer Verzweiflung Bilder auf Facebook. Minuten später melden sich Eltern, deren Kinder unter derselben lebensgefährlichen Krankheit gelitten hatten: dem Kawasaki-Syndrom. Die Hinweise retteten ein Leben. Quelle: Slate.com, 2011

# Dauererregt durch sich selbst: Prozac fürs „Es".

**Einer Milliarde Menschen gefällt Facebook. Warum? Triebbefriedigung, sagen Freudianer. Soziologen ergänzen: Die Grundbedürfnisse sind bei allen Menschen gleich und Facebook gibt vor, diese zu erfüllen.**

**EINZIGARTIG WILL DER MENSCH SEIN** und anerkannt. Er sehnt sich nach Freunden, nach Wissen, Macht und Abenteuern. Nach Hoffnung, Gnade und der Erlösung von Schmerzen. Facebook-Gründer Mark Zuckerberg ist kein Soziologe, dennoch scheint sein Netzwerk diese Grundbedürfnisse zu befriedigen. Und zwar auf eine derart einseitige Art und Weise, dass unsere Chroniken nur eines bezeugen: Wir unterscheiden uns nur durch unsere Ähnlichkeiten. Auf Facebook werden wir austauschbar, banalisiert, weichgespült von der Pseudo-Intimität medialisierter Freundschaf tspflege, angefixt von der Droge „Aufmerksamkeit", pathologisch durch den triebhaften Bekenntniszwang eines „Mein Leben ist eine Reise auf dem Club-Schiff"-Selbst.

**GUTE LAUNE HEISST DAS FACEBOOK-PROGRAMM.** Es macht jeden Nutzer vordergründig glücklich, ist durch Schein Valium für das Sein – oder Nichts-Sein. Hoffnung ist ein Posting-Prinzip, Gnade zeigt Facebook durch die Nicht-Einführung des „Dislike"-Buttons. Die Erlösung von Schmerzen? Zensiert. Schmerzen? Hör' mir auf, das bringt einmal eine Woge Mitleids-Likes, dann wird das so was von XL-unsexy! Negative Energie ist Sand im Getriebe der „Ich poste, also bin ich erfolgreich, glücklich, der OBERHAMMER"– Kommunikationsmaschinen, zu denen wir auf Facebook werden.

**STÄNDIG ALS HANDY-REPORTER AUF DER SUCHE** nach den Drolligkeiten des Lebens, stets Beweise sammelnd dafür, dass das eigene Leben interessanter und intakter ist als jenes der „Freunde". Das Facebook-Ich ist zwangsneurotisch gut drauf. Mit den restlichen Emotionen kokettiert es, solange es dafür Likes erhält. Tod, Krankheit, Verzweiflung – das Salz des echten Lebens muss draußen bleiben. Da zensieren wir uns alle selbst, ist besser für die Reputation. Und die lässt sich dank Facebook „messen".

**SAGE MIR, WIE VIELE FREUNDE DU HAST,** und ich sage dir, wie beliebt du bist. Sage mir, wie viele Freunde den Daumen heben, und ich sage dir, wie cool du bist. Zeige mir, an welchem Flughafen du eincheckst, und ich sage dir, wie erfolgreich du bist. Zeige mir, wo deine Füße im Sand liegen, und ich sage dir, ob du es geschafft hast. Zeige mir, was du hast, und ich sage dir, wer du bist. Zeige mir deine Facebook-Nachrichten – und ich kenne dich nicht mehr.

**FACEBOOK IST STASI AUF FREIWILLIGER BASIS.** Es weckt den Spanner im Menschen. Die Mehrheit aller Big Brother-Verteufler macht sich heute nackiger auf Facebook als einst die TV-Narzissten vor der Live-Kamera. Zugeben will und wird das niemand. Es hat ja auch nie jemand Big Brother angesehen. Zu der Sendezeit waren immer alle auf „Arte", was sich leider nicht mit Zuseherzahlen beweisen lässt. Heute unterwerfen sich eine Milliarde Menschen freiwillig einer sozialen Kontrolle, die härter richtet als eine sizilianische Dorfgemeinschaft. Das Facebook-Ich ist deshalb zu Recht paranoid und exponiert sich mehr und mehr. Gefallsüchtig und gunstheischend, manisch auf der Suche nach Erlösung, die es auf Facebook nicht gibt. **EIN TEUFELSKREIS? JA – BIS SIE IHN BRECHEN.**

# „Facebook ruiniert und stiftet Beziehungen."

**Michaela (37) ist Designerin. Sie ist klug, erfolgreich und gebrandmarkt. Ihre Ehe zerbrach am Fremdgehen via Facebook. Nun ist sie alleinerziehend, stalkt ihren Ex und nutzt Facebook als Flirtmaschine. Sie verbringt über 25 Wochenstunden im Netzwerk und hat 788 Freunde. Ihr Hund „Rambo" hat 372 Freunde.**

Ich lebe für Facebook. Und manchmal habe ich sogar das Gefühl: Facebook lebt für mich. Ich weiß, dass das krank klingt, aber es ist so. Ich kann mir nicht mehr vorstellen, wie es anders sein könnte. Dabei müsste ich es besser wissen: Facebook hat meine Ehe ruiniert. Mein Mann ist fremdgegangen, da war unsere Kleine gerade zwei geworden. Ich war total im „Erfolgreiche-Designerin-und-Übermutter-Stress" und nur darauf konzentriert, diese Rolle(n) zu erfüllen. Wenn mein Mann nächtelang arbeitete und bis in die Morgenstunden vor seinen Bildschirmen saß, dachte ich, wir beide geben alles für unser Familienglück. Eines Nachts ist er auf der Tastatur eingeschlafen. So habe ich ihn gefunden und auch den Grund für seine „Nachtarbeit":

Dreideutige Facebook-Chats mit Latino-Schönheiten und einen Nachrichten-Verkehr mit einer Kollegin, der dem Wort „Verkehr" mehr als gerecht wurde. Er sagte, dass sei „alles nur Spaß" gewesen. Aus Spaß wurde Ernst: Ich habe die Scheidung eingereicht. Heute ist mein Ex mit der Kollegin zusammen und ich – mit Facebook.

Ich beginne und beende meinen Tag mit meinen Facebook-Freunden. Ich sage „Guten Morgen" und „Gute Nacht". Mein Titel- und mein Profilbild wechsle ich fast so häufig wie mein Outfit. Alles, was ich denke, tue und erlebe, verwandelt mein Facebook-Ich sofort in ein Posting. Bevor ich poste, stelle ich mir die Likes vor. Wenn keine kommen, dann fühle ich mich ungeliebt und würde mein Posting am liebsten wieder löschen.

Ich checke überall ein und nirgends mehr aus. Ich will meinem Ex zeigen, wie glücklich ich ohne ihn bin. Und ja, ich stalke ihn täglich. Weil er mich blockiert hat, aber noch mit meinem Hund „Rambo" befreundet ist (der Idiot), logge ich mich halt als „Rambo" ein.

# „Facebook lebt mich und ich lebe mit!"

Ich hasse es, Zeugin seines Facebook-Lebensglücks zu sein, aber ich kann nicht anders. Es ist eine Sucht. Jede seiner Statusmeldungen analysiere ich länger als es meiner Psyche gut tut. Jede neue „Freundin" google ich. Und dann räche ich mich mit süßen Fotos unserer Tochter, die ich auf dem Profil von „Rambo" poste. Diese Bilder bringen immer sehr viele Likes. „Rambo" hat 372 Freunde und es werden stetig mehr, die meisten sind männlich. Falls Sie es noch nicht wussten: Ein süßer Hund verwandelt Facebook in die perfekte Flirtmaschine – auch für alleinerziehende Mütter. „Rambo" hat inzwischen Visitenkarten, die ich an attraktive Gassigang-Bekanntschaften verteile. Viele von ihnen leben in einer Beziehung. Aber mittlerweile weiß ich, dass in Zeiten von Facebook nichts für immer ist. //

# Vom Netzwerker …

**LIKE-HUNTER.** 2009: Endlich können Sie Facebook auch am Handy nutzen und sich eine Like-Dusche gönnen, wann immer Ihnen danach ist – eigentlich ständig. Sie werden gierig. Und inkontinent. Während Sie auf Likes warten, kaufen Sie FarmVille-Traktoren.

**KINDERGARTEN.** Die Schul- und Studienfreunde haben Sie durch. Die Arbeitskollegen auch. Sogar mit Ihrem Chef sind Sie jetzt befreundet. Fühlt sich gut an. Knapp 100 Freunde. Wer fehlt? Die Kindergarten-Knilche. Sofort befreunden!

**SAMMLER.** Ihr Dutzend echte Freunde haben Sie bereits auf der Liste. Jetzt wollen Sie mehr. Mehr Freunde heißt: mehr Zustimmung. Und die fordert Ihr Ego inzwischen täglich.

**LEMMING IST … HEUTE FACEBOOK BEIGETRETEN.** Mit diesem Satz beginnt Ihre Chronik. Sie schreiben von sich fortan in der dritten Person. Ihren Freunden „gefällt das". Und das gefällt Ihnen. Ihr Ego ist angefixt.

**MITLÄUFER.** Die vielen Einladungen nerven. Sie geben dem Gruppendruck schließlich nach und melden sich an. Einfach so, so einfach. Nur mal gucken, was es auf sich hat mit diesem Facebook. Vor dem ersten Posting beobachten Sie, was die anderen Lemminge posten und tun es ihnen gleich.

**GESICHTSBUCH?** 2008: Die deutsche Facebook-Version ist da. Die ersten Hippster verlassen MySpace. Skeptiker gründen Protest-Gruppen auf Xing. Alle anderen halten Facebook für einen Trend, der vergehen wird, weil ihn niemand braucht.

**LIVE-TICKER.** Smartphone und Facebook-App ermöglichen Ihnen die Dauerdokumentation Ihres Lebens. Doch das soziale Schnellgericht wird immer härter. Sie berichten rund um die Uhr von den Drolligkeiten Ihres Lebens. Doch: Je mehr Sie posten, desto weniger Likes erhalten Sie. Das fühlt sich nicht gut an. Sie brauchen noch mehr Freunde!

**RUDELBUMS.** Sie befreunden Freunde von Freunden. Einzige Auswahlkriterien: Hauptsache attraktiv und viele Freunde, die Sie inzwischen „Multiplikatoren" nennen.

**BINGO <3!** Unter den Freunden Ihrer Freunde finden Sie Ihre neue Liebe. Sie ändern Ihren Beziehungsstatus auf „in einer Beziehung mit …" und posten Bussi-Fotos. Statt sich danach zu lieben, warten Sie auf Likes – und streiten zum ersten Mal.

**BLOCKIERT.** WTF?!? Tags darauf können Sie Ihren Ex-Partner nicht mehr im Stundentakt stalken. Das Profil ist weg. Facebook-Suizid? Schlimmer! Nach einer Google-Recherche begreifen Sie, dass Sie blockiert wurden. Warum nur?

**PANIK.** Ihr neuer Beziehungsstatus hat dazu geführt, dass einige „Freunde" Sie entfreundet haben. Das fühlt sich wie Körperverletzung an. Sie leiden. Ihr Partner versteht das nicht. Auf der Suche nach Trost posten Sie kryptische Zitate. Statt der ersehnten Likes ernten Sie – Beziehungskrach.

**DUMM WIE BROT.** Gedankenlos haben Sie die Seite „Mein Chef ist dümmer als Toastbrot" geliked, live aus dem Krankenbett, in dem Sie mit „Sehnenscheidenentzündung an beiden Armen" lagen. Ihr „Freund", Ihr Chef, hat es gesehen. Es gefiel ihm nicht. Gar nicht.

**ARBEITSLOS.** Facebook hat Sie den Job gekostet. Aber wofür haben Sie Freunde? Sie posten Hilfegesuche. Ihr Partner findet das uncool. Seine „Ich bin so erfolgreich"-Postings quälen Sie. Moment mal, was soll das? Ihr Beziehungsstatus ist weg! ER/SIE hat ihn geändert! Sie posten das „Hurt"-Video von Johnny Cash und betrinken sich fürchterlich.

**1, 2, POLIZEI.** Als die Beamten klingeln, schlafen Sie tief. Als die Tür aufgebrochen wird, wachen Sie auf und erinnern sich, dass Sie vor dem Einschlafen in der „Unendlichkeit" eingecheckt hatten. Das war dumm – und wurde teuer.

**PARTY.** Sie laden Ihre Facebook-Freunde zu einer Wiederauferstehungs-Party ein. OMG! Sie haben die gesamte Facebook-Nutzerschaft eingeladen. Die Tageszeitungen berichten, die ganze Stadt lacht.

## … zum Nacktmull.

**DAS IST FACEBOOK-INKONTINENZ.** Besser, Sie zwangsverordnen sich jetzt Erwachsenen-Windeln.

# Wie viel Facebook-Inkontinenz steckt in Ihnen?

Kommt Ihnen bekannt vor? Trifft auf Sie zu? Machen Sie Ihr Kreuz!

- Ein Tag ohne Facebook? Da verzichten Sie lieber auf Alkohol.

- Ihr letzter Facebook-freier Tag? Sie erinnern sich nicht mehr.

- Ihre besten Freunde sehen Sie häufiger auf Facebook als im Offline-Leben.

- Sie haben stündlich das Bedürfnis, nachzusehen, ob Facebook noch steht.

- Das Strandfoto mit Ihren Füßen hat kein „Like" erhalten – Sie fühlen sich ... ungeliebt.

- Ein Ex-Partner hat einen neuen Partner. Sie befreunden ihn/sie, um zu stalken.

- Sie wechseln Ihr Profilbild parallel zu Ihrer Laune – mehrmals täglich.

- Sie zählen Ihren Chef zu Ihren „Freunden", obwohl Sie ihn nicht leiden können.

- Die Hälfte Ihrer Facebook-„Freunde" würden Sie auf der Straße nicht erkennen.

- Wenn Sie jemanden sexuell attraktiv finden, liken Sie alles von ihm wenige Sekunden später – peinliche Kleinkind-Fotos inklusive.

- Sie haben sich in vielen Punkten wiedererkannt und posten jetzt diesen Test.

# Achtung, jetzt macht es „pieks"!

**SIE SIND FACEBOOK-VERWEIGERER.**
Das geht als Therapie-Maßnahme
durch. Es sei denn, Sie sind
stattdessen als Hashtag-hysterisch
auf Twitter bekannt. Und bei
Google+ warten Sie ungeduldig
darauf, dass Sie außer den Nerds
aus der Android-Fraktion endlich
mal die wirklich interessanten Leute
umkreisen können. Da können
Sie so lange warten, bis Google
Facebook und Pinterest kauft. In der
Zwischenzeit lesen Sie weiter.

# 1–3

### SIND SIE EIN SOCIAL MEDIA-BUDDHA?

Dann teilen Sie Ihr entspanntes Facebook-Verhältnis mit anderen! Posten Sie als Statusmeldung diesen Satz: „Hier und jetzt startet meine Facebook-freie Woche. Jeder, der mitmacht, ist herzlich eingeladen, mit mir auf das echte Leben anzustoßen. Terminwünsche bitte persönlich oder via Brieftaube. PS: Sollte ich rückfällig werden, erteile ich hiermit allen Ex-Partnern die Erlaubnis, jugendunfreie Bilder von mir zu taggen!".

# 4–11

### SIE SIND MARK ZUCKERBERG!

Nein, diesen Satz können Sie hier nicht liken. Hören Sie bitte auf, auf diese wehrlose Seite zu klicken! Nutzen Sie diesen Moment, um kurz nachzudenken. Hilfshinweis: Das macht man mit dem Hirn, nicht mit dem Finger. Ok, Sie haben erkannt: Sie sind nicht Mark Zuckerberg. Aber: Sie sind sein bester Kunde. Wissen Sie, womit Sie den Facebook-Börsenkurs und die Werbeindustrie füttern? Mit Ihrer Lebenszeit und Ihrer Lebensqualität. Zeit, das zu ändern.

# ERSTE HILFE +

# BLITZ-THERAPIE*

\* in Einzeller-kompatiblen Schritten

# 1

# MACHEN SIE ES SICH SCHWER

**LOVE IT, CHANGE IT OR – LEAVE IT.** Auf Facebook zu schimpfen, ist einfach. Zu überlegen, was man selbst dazu beitragen kann, damit das Netzwerk lebensbereichernd wirkt, ist hingegen schwer. Investieren Sie Zeit in Antworten. Jetzt.

**DENN SIE WISSEN NICHT, WAS SIE TUN:** Firmen scheitern auf Facebook, wenn sie ohne Strategie aktiv werden. Privatmenschen werden inhaltlich inkontinent, weil das alle auf Facebook sind. Im ersten Fall wird Geld verbrannt, im zweiten Lebenszeit vergeudet. Was hilft dagegen? Ein Plan. Was brauchen Sie dafür? Einen Zettel, einen Stift und eine Stunde Zeit für ehrliche Antworten auf 13 Fragen.

1. Warum sind Sie auf Facebook?
2. Verfolgen Sie private oder berufliche Interessen oder beides?
3. Welchen Nutzen kann das Netzwerk Ihrem Leben bieten – emotional und inhaltlich?
4. Erhoffen Sie sich berufliche Vorteile? Welche?
5. Wenn Sie täglich zwei Stunden Zeit für Medienkonsum haben, welche Rolle spielt Facebook dann in Ihrem Zeitbudget? Ersetzt Facebook andere Medien?
6. Wie viel Zeit möchten Sie täglich in Facebook investieren?
7. Was erwarten Sie sich im Gegenzug für die investierte Zeit?
8. Was bekommen Sie in Realität zurück? Woran messen Sie das?
9. Was sehen Sie auf Ihrer Facebook-Startseite? Einen Nachrichtenstrom, der Sie mit relevanten Informationen, Wissen und einer Portion guter Unterhaltung versorgt oder einen inkontinenten Mix aus inhaltlicher Web-Verschmutzung?
10. Sehen Sie sich die Meldungen in den Neuigkeiten an: Welche sind unverzichtbar für a) Ihr Leben, b) Ihre Karriere, c) Ihr emotionales Gleichgewicht? Welche nicht?
11. Jetzt Ihre letzten zehn Postings: Was haben sie zum Leben, zur Karriere und zum emotionalen Gleichgewicht Ihrer Freunde beigetragen?
12. Was hat Sie zum Posten bzw. Teilen dieser Inhalte animiert? a) Langeweile, b) Einsamkeit, c) Aufmerksamkeitsdefizit, d) fehlendes Tagebuch, e) Ihr Chef, f) Ihre Marketing- und PR-Strategie, g) Gedankenlosigkeit, h) der unerklärliche Drang, jede Flatulenz Ihres Lebens mitzuteilen, i) Sex-Mangel, j) Liebes-Mangel, k) Hirn-Mangel, l) keine Ahnung: Sie leiden unter Post-Posting-Amnesie.
13. Möchten Sie das optimieren?

# 2

# PROFIL-IRREN SIE SICH NICHT

**MACHEN SIE ES GLEICH RICHTIG:** Wer sich auf Facebook profilieren will, muss sein, was er scheint und akzeptieren, dass dieses pseudo-private Facebook-Ich jederzeit unfrisiert öffentlich werden kann.

**„WER SCHEINEN WILL, WIRD NICHT ERLEUCHTET"**, sagte Laotse. Diesen Satz sollte jeder abhaken müssen, bevor er Inhalte auf Facebook teilt. Weitere Facebook-Features gegen Inkontinenz: Facebook-Führerschein (siehe Seite 146) vor der Erstanmeldung, Alkohol-* und Intelligenz-Test vor jedem Klick und ein Post-Shit-Radar, das Postings löscht, sollten die vorangegangenen Tests versagt haben.

**DIE SCHLECHTE NACHRICHT:** Diese Features wird es niemals geben. Facebook lebt von der Quantität, weil sie Werbeeinnahmen bringt.

**DIE GUTE NACHRICHT:** Sie besitzen diese Features im Ordner „gesunder Menschenverstand". So (re-)aktivieren Sie sie, wenn Sie Ihr Profil aufbauen oder überarbeiten:

— **PROFILNAME:** Wenn Sie sich mit Ihrem Namen registrieren, wird Ihr Profil auch von Ihrem Chef und Ihrer Mutter gefunden. Das muss Ihnen bewusst sein. Wenn Ihre Facebook-Chronik nicht von Suchmaschinen gefunden werden soll, verbieten Sie Facebook die Weitergabe des Links in Ihren Privatsphäre-Einstellungen.

— **PROFILBILD:** Das sehen eine Milliarde Facebook-Nutzer, auch wenn Sie Ihre Inhalte „nur mit Freunden" teilen. Wählen Sie deshalb ein Bild, das Sie von sich auch in einer Zeitung sehen möchten – alles andere ist, milde ausgedrückt, unklug.

— **TITELBILD:** Missbrauchen Sie das Titelbild Ihrer Chronik nicht als „Spiegelbild Ihres aktuellen Seelenzustands". Wenn Sie es ständig ändern, zeigen Sie damit nur, dass Sie nicht wissen, wer Sie sind.

— **DIE BILDSCHIRMFOTO-FALLE:** Jedes Bild, jedes Posting kann binnen Sekunden durch einen Screenshot verewigt, vervielfältigt und andernorts veröffentlicht werden. Deshalb: erst denken, dann posten.

---

* Wenn Sie nicht sicher sind, ob Ihr Alkoholspiegel oder Ihr Menschenverstand etwas posten will, dann hilft die kostenlose „Sobriety-Test"-App von Webroot. Nach drei Tests wissen Sie, ob Sie die Finger von den Tasten lassen sollten. Zusatz-Tipp: Erfahrene Trunkenbolde wissen das bereits, wenn sie die App starten und erteilen sich striktes Social Media- und Kommunikationsverbot.

# 3

# FALSCHE FREUNDE KANN FACEBOOK TRENNEN

**ES GIBT KEINE FALSCHEN FREUNDE,** nur falsche Erwartungen. Definieren Sie Ihre so, dass Sie weder sich selbst noch Ihre Facebook-Freunde enttäuschen.

**SIE HABEN GEBURTSTAG.** Als Sie nach Hause kommen, sind alle schon da. Alle? Alle Facebook-Freunde! Die Busse vor Ihrem Hauseingang waren Ihnen aufgefallen, aber nie im Leben hätten Sie gedacht, dass dieser Traum wahr wird … Wenn Sie das so empfinden, blättern Sie zur nächsten Seite. Entweder Sie haben die Busse übersehen oder Sie nutzen Facebook als PR-Waffe – beides ist völlig in Ordnung.

**WENN SIE JETZT HINGEGEN ZITTERND** vor dieser Seite sitzen und das Wort „Albtraum" neu definieren, dann müssen Sie Ihren Freundschaftsbegriff überdenken, die Facebook-Realität akzeptieren und in Einklang mit Ihren Facebook-Zielen bringen.

**NUTZEN SIE FACEBOOK,** um mit Lieblingsmenschen in Kontakt zu bleiben oder sammeln Sie Kontakte, um besonders „beliebt" zu wirken oder um die Reichweite für Werbung zu erhöhen? Beides zugleich ist ein Spagat, der nur funktioniert, wenn Sie Ihre „Freunde" in Gruppen aufteilen und jedes Posting zielgruppenspezifisch streuen. Falls Sie das noch nicht getan haben, tun Sie es! Wenn Sie diesen Aufwand scheuen, werden Sie Facebook-inkontinent. Und darunter leiden Ihre „Freunde", Ihr Ruf und Ihr Erfolg.

**WER DARF IHR FACEBOOK-FREUND WERDEN?** Die Antwort auf diese Frage schreiben Sie in Ihre Profil-Informationen. So sieht jeder, den Sie bereits vor Jahrzehnten nicht zum Kindergeburtstag eingeladen haben, dass Sie auch heute kein Interesse an einer „Freundschaft" haben. Wenn Sie „Freunde" für Ihre Werbereichweite sammeln, dann schließen Sie Psychopathen und Cybersexer aus, indem Sie Unbekannte nur akzeptieren, wenn Sie Ihnen vorab folgende Frage in einer persönlichen Nachricht beantworten*: „Wie, warum und wodurch bereichert eine Facebook-Freundschaft unsere Leben?"

* Sie werden überrascht sein, wie viele Menschen darauf keine Antwort senden. Wenn sie antworten, dann zu 90 Prozent so: „Uuups, da habe ich wohl versehentlich geklickt, sooooorrrrrrryyyyy!!!" Tipp: Senden Sie als Antwort kommentarlos den Link zur Alkohol-Test-App von Webroot (siehe Seite 109).

# 4

# LIKED MICH DOCH ALLE AM …!

**DIESE EINSTELLUNG SCHÜTZT VOR SEELENPEIN** und sollte eine Unterrichtseinheit in Sachen „Stressresistenz für das Selbstwertgefühl in Zeiten von Facebook" sein.

**WELCHEN WERT HAT EIN LIKE?** Was bedeutet ein „Gefällt mir"* für Ihr Selbstbewusstsein? Haben Facebook-Geburtstagswünsche einen emotionalen Mehrwert? Das entscheiden Sie – und nur Sie.

**WIE BELIEBT SIND SIE?** Sind Sie beliebter als Justin Bieber (über 50 Millionen Fans), Barack Obama (über 30 Millionen Fans) oder Hugo Chávez (über 180.000 Fans)? Das können Sie ganz einfach ausrechnen. So funktioniert's: Wie viele Likes erhalten Ihre Beiträge im Schnitt? Teilen Sie diese Zahl durch die Zahl Ihrer Freunde und stellen Sie dieselbe Rechnung bei den Promis an – schon haben Sie Ihren Beliebtheitskoeffizienten.

**UND WAS FANGEN SIE DAMIT AN?** Wie wäre es mit: nichts. Hand aufs Herz: Sie glauben doch nicht ernsthaft, dass Facebook-Zahlen irgendetwas über Ihren Wert als Mensch oder über Ihre Beliebtheit aussagen? Im Marketingkontext müssen Sie mit diesen Zahlen rechnen und sie so emotionslos betrachten wie ein Sniper sein Ziel. Aber als Privatmensch sollten Sie aufhören, die Zahl von Freunden und Likes höher zu bewerten als die menschliche und inhaltliche Qualität Ihrer Beziehungen. Machen Sie einen Selbst-Test.

**ÄNDERN SIE IHR GEBURTSDATUM.** Seien Sie maßlos! Die Queen feiert zwei Mal im Jahr, Sie feiern fortan zwei Mal im Monat. Was wird passieren? Sie werden im 14-Tage-Rhythmus die „allerherzlichsten" Glückwünsche erhalten. „Happy Burzeltag**", „Lass krachen!" und „Alles Gute!" werden Ihre Pinnwand in eine Bedenkstätte der Oberflächlichkeit und Unpersönlichkeit von Facebook-Interaktion verwandeln. Was haben Sie davon, außer Lebenszeitverlust – schließlich altern Sie jetzt 14-tägig? Nichts. Und wissen Sie was? Diese Erkenntnis ist unbezahlbar.

* Was Ihre Freunde Ihnen in Wirklichkeit sagen möchten, wenn sie „Gefällt mir" klicken oder eben auch nicht, erfahren Sie auf Seite 138 und 139.
** Dieser Geburtstagsgruß sollte verboten werden! In Österreich taucht er in jeder Geburtstags-Chronik auf.

# 5

# MÜLL RAUS, RELEVANZ REIN

**DAMIT FÄLLT UND STEIGT IHR FACEBOOK-MEHRWERT:** Was teilen Sie? Was teilen andere? Und welchen Nutzen ziehen beide Seiten daraus? Werden Sie wählerisch und verwandeln Sie Ihre Chronik in Ihr persönlichstes Informationsmedium.

**FACEBOOK-AKTIONÄRE WÜNSCHEN SICH,** dass Sie das Netzwerk als Tagebuch nutzen. Je mehr Sie von sich und Ihrem Leben preisgeben, desto attraktiver wird Ihr Profil für Werbekunden, desto höher wird der Jahresgewinn von Facebook.

**DREHEN SIE DEN SPIESS UM:** Statt das Informationsbedürfnis von Facebook zu befriedigen, befriedigen Sie fortan Ihr eigenes.

**UND DAS GEHT SO:**

— **MÜLL RAUS, RELEVANZ REIN:** Nehmen Sie sich jeden Freund einzeln vor. Screenen Sie seine Postings. Bereichert seine Chronik Ihr Leben? Falls nein, in der Freundesübersicht auf „Freunde" klicken und den Haken bei „In den Neuigkeiten anzeigen" entfernen. Priorisieren Sie Meldungen von Freunden, die Ihnen viel zu sagen haben. Wählen Sie, ob Sie „die meisten" oder nur „wichtige" Aktualisierungen sehen möchten. Wer entscheidet, was „wichtig" ist? Facebook. Grauenvoll, aber wahr: Der Algorithmus hält jede Flatulenz für „wichtig", sobald sie Likes erhält oder geteilt wird.

— **DIE STALKER-KONFIGURATION:** Sie können sich von Facebook informieren lassen, sobald ein bestimmter Freund etwas postet. Das Häkchen bei „Benachrichtigungen erhalten" ist das Lieblingsfeature aller Stalker – und der größte Zeitdieb*. Gewähren Sie maximal einem Prozent Ihrer Freunde diese ganz besondere Aufmerksamkeit.

— **EXPERTEN-MODUS:** Bereichern Sie Ihren Informationsmix durch Medien, Experten, Gruppen und Seiten, die Wissen teilen, das Sie weiterbringt. Auch hier gilt: Qualität vor Quantität.

* Wichtig: Begrenzen Sie die Benachrichtigungen auf Facebook. Deaktivieren Sie E-Mail-Benachrichtigungen und entscheiden Sie selbst, wann Sie sich Zeit für Facebook-Neuigkeiten nehmen. Alles andere treibt Sie rasant in Richtung „Sinnlos-Surf-Syndrom" und „E-Mail-Wahnsinn". Dagegen hilft (Werbe-Unterbrechung) „E-Mail macht dumm, krank und arm – Digital Therapie für mehr Lebenszeit", Orell Füssli, 2012.

## DEINE BENACHRICHTIGUNGEN

Benachrichtigungseinstellungen

**Gesendet: Heute**

---

XXX hat dich eingeladen, seine Seite Ich bin stolz auf meinen kleinen Willi mit „Gefällt mir" zu markieren. 13:03

---

XXX hat Hirn in „Mafia Wars" verloren. 13:33

---

XXX hat dich zur öffentlichen Veranstaltung Geheime Überraschungsparty für dich eingeladen. 13:39

---

XXX ist hier: Connys Kabinensex – near Lerchenfelder Gürtel, Vienna. „Weiß jemand, was Kabinensex ist?" 14:05

---

XXX hat XXX Link kommentiert: „Ja, das ist der Grund für meinen neuen Beziehungsstatus!" 14:06

---

XXX hat ihren Beziehungsstatus auf „Facebook hat erneut meine Beziehung ruiniert" geändert. 14:07

---

XXX hat dich angepupst. 14:12

---

XXX hat dir eine Anfrage für seinen Ich will an deinem Geburtstag herz- und seelenlosen Müll auf deiner Chronik abladen-Kalender geschickt. 14:17

---

XXX hat dir eine Einladung für Dumm trifft Dämlich geschickt.
14:59

XXX ist in einer Beziehung mit Facebook. 15:05

XXX hat den dritten Monat bei Schwanger durch Facebook erreicht. 15:06

XXX gefällt die Gruppe: Ich hasse es, die hirnlosen Postings meines hirnlosen Chefs zu liken! 15:15

XXX arbeitet jetzt bei Arbeitssuchend. 15:16

XXX hat dich erneut angepupst. 15:19

**DA SEHEN SIE MAL, WAS SIE GERADE VERPASSEN. BLEIBEN SIE RUHIG.**
Lesen Sie weiter. Oder würden Sie eine Tageszeitung vermissen, die zu 70 Prozent aus Nachrichtenmüll wie diesem besteht?

# 6

# BECKEN-BODEN-TRAINING

**VERZEIHEN SIE DEN AUSFLUG IN DIE MEDIZIN:**
Was gegen echte Inkontinenz hilft, hilft auch
gegen den scheinbar unkontrollierbaren Drang,
Banalitäten auf Facebook zu veröffentlichen.

**JETZT SIND SIE DRAN:** Sie sind der Chefredakteur, Ihre Freunde die kritischen Leser. Sie bezahlen Ihre Inhalte mit Aufmerksamkeit und Lebenszeit. Das ist ein hoher Preis. Werden Sie ihm gerecht?

**IHR PROFIL IST EIN ECHTZEIT-MEDIUM.** Es zeigt Ihre Persönlichkeit, Ihre Kompetenz, Ihre Interessen und Ihre Meinung und kann (zu) viel über die privaten Zutaten Ihres Lebens verraten. Damit Sie nicht in Versuchung geraten, alles – und dadurch nichts wirklich Relevantes – zu veröffentlichen, betrachten Sie Ihr Profil fortan mit dem qualitativen und kreativen Ehrgeiz eines engagierten Verlegers.

— **INHALTSMIX:** Stellen Sie sich vor, Ihr Profil sei eine Zeitung. In welche Rubriken lassen sich Ihre Inhalte einteilen? Warnhinweis: Die Rubriken „Sonnenuntergänge", „Blödheiten", „Am Flughafen", „Füße", „Kinderbilder", „Katzenvideos", „Essensfotos" und „Zitate" werden bereits von einer Milliarde Menschen missbraucht.

— **WAS BEREICHERT ANDERE** und macht Sie zum wertvollen Netzwerk-Freund? Das ist pauschal nicht zu beantworten. Es kommt darauf an, wer Ihre Freunde sind, wer Sie sind und welche Facebook-Ziele Sie für sich definiert haben. Wenn Sie als talentierter Hobby-Koch bekannt sind, dann bereichern Rezepte und Küchentipps Ihre Freunde. Sind Sie Food-Fotograf, dann sind Beweisfotos Ihre beste Vermarktungswaffe. Wenn Sie beides nicht sind, dann nerven Sie bitte nicht jeden mit Essensfotos.

— **ERFOLGSBAUSTEINE: 1. WISSEN.** Teilen Sie es großzügig und kompetent. **2. UNTERHALTUNG.** Unterhalten Sie sich mit Ihren Freunden: Diskutieren Sie, fordern Sie die Expertise der anderen – darin liegt der Nutzen eines Sozialen Netzwerks.

# 7

# ZIEH' DICH AUS, KLEINE MAUS …

**… MACH DICH NACKIG!** Wussten Sie, dass in Ihren Fingerspitzen das größte Risiko für Ihre Sicherheit steckt? Denken Sie über Ihren digitalen Fingerabdruck nach, bevor Facebook Sie besser kennt als Sie sich selbst.

**SICHER IST, DASS NICHTS SICHER IST.** Das ist eine wichtige Erkenntnis. Sie gilt für alles, was Sie im Web tun. Es gibt keine 100-prozentige Datensicherheit – weder für Ihr Online-Banking noch für die Cloud, für Ihre Privatsphäre schon gar nicht und auf Facebook erst recht nicht.

**SIE HABEN ZWEI MÖGLICHKEITEN:** 1. Sie wünschen sich die Steinzeit zurück. 2. Sie akzeptieren das Risiko, rechnen mit dem Schlimmsten, hoffen das Beste und tragen zum Besten Ihren Teil bei. Klopfen Sie sich selbst auf die Finger, sobald Sie oder Ihre Maus einen Internetbesuch mit einer Strip-Party verwechseln.

**STRIP-PARTY?** Die beginnt bei Ihrem Facebook-Profil und den „Privatsphäre-Einstellungen". Wählen Sie hier überall die maximale Sicherheitsstufe*. Weiter geht es mit allem, was preisgibt, wo Sie sich aufhalten bzw. nicht aufhalten. Dieser Punkt betrifft besonders die Kontakte-Sammler auf Facebook. Sobald Sie Ihre Facebook-Freunde nicht mehr persönlich kennen, gehen Sie mit jeder Veröffentlichung Ihres Aufenthaltsorts ein Sicherheitsrisiko ein.

**ABSOLUTER DATENGEIZ** ist bei Facebook-Apps angesagt: Lesen Sie das Kleingedruckte, bevor Sie Drittanwendungen Zugriff auf Ihre Profildaten erlauben! Sobald Sie sich mit Ihren Facebook-Zugangsdaten bei anderen Seiten anmelden (Instagram, Tripadvisor, Spotify …) oder beginnen, Konten zu verknüpfen (YouTube, Twitter, Xing …), werden Ihre Daten noch transparenter und Ihr Privatleben sichtbarer. Deaktivieren Sie unbedingt, dass Ihre „Aktivitäten" (z.B. 16 Mal hintereinander „Zieh' dich aus, kleine Maus" auf Spotify hören) automatisch auf Facebook veröffentlicht werden. Das macht Ihre Daten nicht sicherer, aber weniger sichtbar.

---

* Die Privatsphäre-Einstellungen und Datenschutzrichtlinien ändern sich so häufig wie das Wetter. Brauchbare Tipps veröffentlicht die PR-Beraterin Annette Schwindt auf schwindt-pr.com und facebook.com/schwindtpr sowie in ihren „Bedienungsanleitungs"-Büchern.

# 8

# FACEBOOK IST SCHLECHT IM BETT

**DAS ÜBERRASCHT SIE NICHT, ODER?** Ihre Facebook-Aktivitäten können eine Beziehung ruinieren. Sie können aber auch eine neue Liebe dadurch anzetteln. Das Ziel ist Ihr Weg.

**FACEBOOK IST EIN SCHEIDUNGSGRUND.** Das Beziehungsdilemma beginnt mit dem Beziehungsstatus.

**DAS VORSPIEL:** Er will nur spielen, sie sucht den Mann fürs Leben. Wenn er ein überzeugender Spieler ist, denkt sie spätestens nach der dritten Nacht: „Das ist so schön. Das ist so einzigartig. Das ist eine Beziehung!". Schwupps ändert sie ihren Beziehungsstatus von „es ist kompliziert" auf „in einer Beziehung mit…". Dann kommt die Facebook-Anfrage. Danach der Ärger, die Enttäuschung, das Herzleid – wenn er seinen Beziehungsstatus nicht aktualisiert.

**DAS NACHSPIEL:** Zwei, die sich alles schienen, stellen fest, dass „alles" ein Verfallsdatum hat. Wie würden Sie die Beziehung beenden? Persönlich (hoffentlich). Und dann? Ändern Sie in beiderseitigem Einvernehmen Ihren Beziehungsstatus und löschen die Meldung aus Ihrer Chronik. Irgendjemand wird es dennoch mitbekommen, „Beileid" posten, mitfühlend „Und…? Wie geht es dir jetzt so?!?" kommentieren und danach Ihrem attraktiven Ex-Partner via Chat oder persönlicher Nachricht „Aber hallo…!" sagen – so viel zum Thema, wie auf Facebook neue Partnerschaften entstehen.

**WENN SIE IHR LIEBESGLÜCK BEWAHREN MÖCHTEN, SOLLTEN SIE NIEMALS:**
— Ihren Beziehungsstatus veröffentlichen.
— ein gemeinsames Facebook-Profil betreiben.
— Ihre Passwörter teilen (das ist kein Vertrauensbeweis, das ist dumm).
— Ersatzbefriedigung auf Facebook suchen. Wenn Ihnen Aufmerk-samkeit fehlt, suchen Sie sie nicht auf Facebook, suchen Sie sie im echten Leben und fordern Sie sie von Ihrem Partner!
— Foto-Lovestorys veröffentlichen – je begehrenswerter Ihr Liebes-glück wirkt, desto größer ist die Häme, wenn es zerbricht.

# 9

# DAS MISSFÄLLT MIR!

**… ODER GEFÄLLT IHNEN DAS?** Erhobene Daumen unter Katastrophen-Meldungen. Aufforderungen, Veranstaltungen zu besuchen und Seiten zu liken, die Sie noch weniger interessieren als der Wolf in CastleVille. Kettenbrief-Postings, Bilder-Tagging, Anstupser und Werbespam. Stopp!

**MUSS MAN SICH FÜR KOMMENTARE MIT EINEM LIKE BEDANKEN?** Darf oder soll man andere anstupsen? Was ist weniger beknackt: Sich nach einem handgemachten Orgasmus auf die Schulter zu klopfen oder seine eigenen Beiträge zu liken? Fragen über Fragen. Facebook gibt keine Antworten. Geben Sie sich selbst welche und veröffentlichen Sie diese in Ihren Profil-Informationen. Was nervt an Facebook?

**DAS MUSS VERSCHWUNDEN WERDEN*:**
— **LIVE-TICKER DES LEBENS,** inhaltslose Updates im Minutentakt, z.B.: „Lunch – mit Pseudo-Wichtig hier: pseudo-coole Location."
— **SPIELEANFRAGEN** inklusive Status-Updates der Spieler (schon mal darüber nachgedacht, was Ihre Kollegen und Ihr Chef denken, wenn Sie auf Facebook „Edelsteine" finden, statt im Büro?).
— **SPAM.** Sie wollten doch nur kurz die „nackteste Frau" oder den „dicksten Pickel der Welt" sehen und jetzt ist er geplatzt – in Ihrer Chronik in Form einer Meldung, die sich an alle Freunde verbreitet. Igitt.
— **KETTENBRIEFE:** „Bitte lesen!!! Wenn du diese Meldung nicht innerhalb der nächsten Stunde teilst, dann werden deine Eltern dich heute noch töten!!! SIE WERDEN DICH TÖTEN!!!"**
— **ANSTUPSER ALLER ART.** Was wollen Sie damit sagen, außer, dass Ihr IQ spielend von dem einer Fingerpuppe überboten werden kann?
— **EGO-SHOOTER,** die ihre eigenen Beiträge liken.
— **AUTOMATISIERTE APP-POSTINGS,** die Auskunft über Ihren Körper und seine Funktionen geben, z.B. Jogging-km/h, Kalorienverbrauch, Diät- und Nichtraucher-Tagebücher.
— **NAMEN MASSENWEISE** auf Feiertagsfotos taggen.
— **ÖFFENTLICHE CHRONIK-CHATS:** „Du hast deine Hose bei mir vergessen!" oder „Hallo, hier ist dein Vater! Wo bist du?!?".

* Dieser fabelhafte Ausspruch darf in keinem Wortschatz fehlen. Quelle: Roger Willemsen, „Momentum", S. Fischer Verlag, 2012 – ein Buch- und ein Hörbuchtipp. Warum Hörbuch? Niemand liest Roger Willemsen so virtuos wie …? Richtig! Der virtuose Roger Willemsen.
** Das sind die letzten Sätze aus einem Kettenbrief mit dem Titel „Ein Mädchen trifft einen Jungen im Chat". Er hat im Frühjahr 2012 Jugendliche derart in Angst und Schrecken versetzt, dass er millionenfach geteilt wurde.

# 10

# HARTER ENTZUG FÜR HÄRTE-FÄLLE

**SELBSTDISZIPLIN** ist der einzige Weg, um in einer Welt voller Idioten zu überleben. Falls Sie diese Disziplin erst wieder lernen müssen – hier finden Sie ein paar Abkürzungen.

**WORAN MERKEN SIE, DASS SIE FACEBOOK-SÜCHTIG SIND?** Versuchen Sie, 48 Stunden auf Facebook zu verzichten. Schaffen Sie das ohne Selbstbetrug (nur mal „ganz kurz" nachsehen, ob Ihre Chronik noch steht) und Entzugserscheinungen? Falls nicht, brauchen Sie Hilfe und eine XL-Portion Vertrauen in echte Freunde.

**PASSWORT ABGEBEN:** Das ist wie die Flasche für den Schnapsschrank abgeben, mit einem Unterschied: Im Schnapsschrank steht zwar die Begierde des Alkoholkranken, aber die Begierde gibt keine Auskunft über das Intimleben und kann keine Inhalte in seinem Namen posten. Dennoch ist das ein Weg, den sogar Jugendliche wählen, wenn sie merken, dass ihr Leben nur noch auf Facebook stattfindet.

**SO FUNKTIONIERT'S:** Verraten Sie Ihr Passwort einem Menschen, dem Sie Ihr Leben anvertrauen, und bitten Sie ihn, es zu ändern.

**SANFTER ENTZUG:** Sie erhalten das neue Passwort nur am Wochenende. Und zwar jedes Wochenende ein neues.

**HARTER ENTZUG:** Sie erhalten das neue Passwort auch bei Androhung von Mord und Amoklauf erst nach einem Monat Facebook-Entzug. Falls Sie Angst haben, danach rückfällig zu werden, wechseln Sie in den sanften Entzug und das so lange, bis Sie wieder gelernt haben, dass ein Leben ohne Facebook ein prächtiges Leben ist.

**LÖSCHZUG:** Löschen Sie täglich Ihre Postings vom Vortag. Was das bringen soll? Das gute Gefühl, keine Datenspur zu hinterlassen, die gegen Sie verwendet werden kann. Das ist zwar eine Kontrollillusion, weil Facebook auch gelöschte Daten speichert, aber in diesem Fall ist die Illusion eine legitime Realität.

**FACEBOOK-SUIZID:** Löschen Sie Ihr Profil oder delegieren Sie das an Web-Auftragskiller wie suicidemachine.org oder http://facewa.sh.

# Wenn nichts mehr hilft: Mantras für Eltern.

## FACEBOOK-INKONTINENTE ELTERN ERZIEHEN FACEBOOK-INKONTINENTE KINDER.

Wer Fotos seiner Kinder im Netz veröffentlicht, darf sich nicht wundern, wenn die Kinder glauben, ihr Privatleben sei von öffentlichem Interesse.

## Eltern sind keine Freunde. Eltern sind Eltern.

## ELTERN SIND NUR DANN UNCOOL AUF FACEBOOK, WENN SIE AUF FACEBOOK UNCOOL SIND.

## VERBOTE FÖRDERN VERRAT. VERTRAUEN FÖRDERT SELBSTVERANTWORTUNG.

Medienkompetenz beginnt bei den Eltern.

# NICHT VERDAMMEN.
## FÖRDERN UND VORLEBEN.

Die Gebrauchsanleitung für Facebook sind Sie.

## Wer Kinder mit Bildschirmen ruhig stellt, lässt sie alleine.

### WER BILDSCHIRME WIE SCHOKOLADE EINSETZT, DELEGIERT GEBORGENHEIT AN GERÄTE.

Nur medienkompetente Eltern können medienkompetent erziehen – dafür ist es nie zu spät.

Fixe Facebook-Besuchszeiten sind wie fixe Schlafenszeiten: erst Gesetz, dann Ritual, später gefühlte Notwendigkeit.

# SELBSTBEWUSSTSEIN
## LÄSST SICH NICHT IN LIKES AUSDRÜCKEN.

### SOZIALE KOMPETENZ LERNT IHR KIND DURCH LEBENSERFAHRUNG. FACEBOOK IST EIN TEIL SEINES LEBENS – AUCH WENN IHNEN DAS MISSFÄLLT.

Selbsterfahrung ist der beste Lehrmeister.

# Wenn nichts mehr hilft: Mantras für Firmen.

**MENSCHEN KAUFEN NICHT DORT EIN, WO SIE SICH UNTERHALTEN WOLLEN.**

Facebook-Marketing ist eine Patrone im Marketing-Colt, Marketing ist kein „Russisches Roulette".

Sie brauchen keine Social Media-Strategie, Sie brauchen eine Marketing-Strategie.

**EINE FANPAGE IST KEIN MARKETING. EINE FANPAGE IST EIN MEDIUM.**

Ohne Ziele kein Erfolg. Ohne Erfolgsmessung kein ROI. Ohne ROI keine Jahresprämie.

**FACEBOOK-MARKETING IST „TRIAL AND TERROR". FAIL, FAIL AGAIN, FAIL BETTER.**

Facebook ist kein Allheilmittel, Facebook ist ein Standgericht.

# KRITIK IST EIN WETTBEWERBSVORTEIL, BEDANKEN SIE SICH DAFÜR.

Eine Community kann man nicht aufbauen, eine Community entsteht – oder auch nicht.

## FANS SIND KEINE MARKTFORSCHUNGSOBJEKTE, FANS SIND MENSCHEN.

Facebook ist nicht gratis. Facebook kostet Arbeitszeit. Zeit kostet Geld.

## PORNOSTARS SIND KEINE SEXUALTHERAPEUTEN, DIGITAL NATIVES SIND KEINE SOCIAL MEDIA-EXPERTEN PER SE.

Ohne Redaktion keine Kommunikation.

**WER LANGWEILIGE INHALTE MIT FACEBOOK-ANZEIGEN BEWIRBT, VERBRENNT GELD. WER ERFOLGREICHE INHALTE VERMARKTET, GEWINNT FANS.**

Versuchen Sie nicht, zeitgemäß zu kommunizieren. Kommunizieren Sie zeitgemäß!

## WENN SIE NUR AUF BESCHWERDEN ANTWORTEN, WERDEN SIE NUR BESCHWERDEN ERHALTEN.

Facebook ist ein Organismus, kein Prozess.

# ZWEITE HILFE

**IM SINNE EINER GANZHEITLICHEN THERAPIE** folgen
jetzt motivierende, abschreckende und inspirierende
Therapeutika aus der kreativen Alternativ-Medizin.
**TIPP:** Löschen Sie vor der Lektüre alle Cookies mit
vorgefertigten Meinungen von Ihrer geistigen Festplatte.

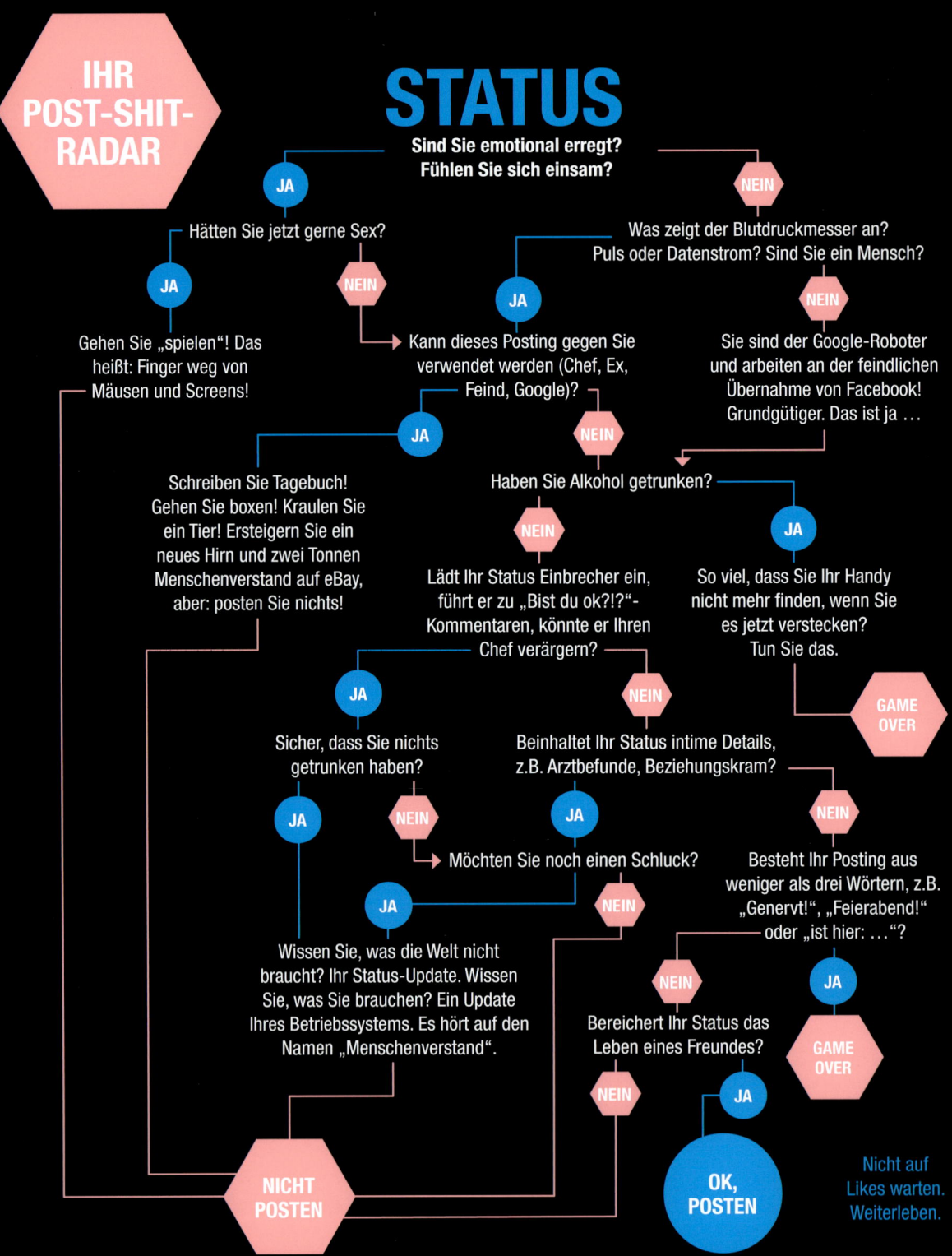

**IHR POST-SHIT-RADAR**

# STATUS

**Sind Sie emotional erregt? Fühlen Sie sich einsam?**

JA — Hätten Sie jetzt gerne Sex?

NEIN — Was zeigt der Blutdruckmesser an? Puls oder Datenstrom? Sind Sie ein Mensch?

JA — Gehen Sie „spielen"! Das heißt: Finger weg von Mäusen und Screens!

NEIN — Kann dieses Posting gegen Sie verwendet werden (Chef, Ex, Feind, Google)?

NEIN — Sie sind der Google-Roboter und arbeiten an der feindlichen Übernahme von Facebook! Grundgütiger. Das ist ja …

JA — Schreiben Sie Tagebuch! Gehen Sie boxen! Kraulen Sie ein Tier! Ersteigern Sie ein neues Hirn und zwei Tonnen Menschenverstand auf eBay, aber: posten Sie nichts!

JA — Was zeigt der Blutdruckmesser an?

NEIN — Haben Sie Alkohol getrunken?

NEIN — Lädt Ihr Status Einbrecher ein, führt er zu „Bist du ok?!?"-Kommentaren, könnte er Ihren Chef verärgern?

JA — So viel, dass Sie Ihr Handy nicht mehr finden, wenn Sie es jetzt verstecken? Tun Sie das.

GAME OVER

JA — Sicher, dass Sie nichts getrunken haben?

NEIN — Beinhaltet Ihr Status intime Details, z.B. Arztbefunde, Beziehungskram?

NEIN — Besteht Ihr Posting aus weniger als drei Wörtern, z.B. „Genervt!", „Feierabend!" oder „ist hier: …"?

JA — Sicher, dass Sie nichts getrunken haben?

NEIN — Möchten Sie noch einen Schluck?

JA — Beinhaltet Ihr Status intime Details?

NEIN

JA — Wissen Sie, was die Welt nicht braucht? Ihr Status-Update. Wissen Sie, was Sie brauchen? Ein Update Ihres Betriebssystems. Es hört auf den Namen „Menschenverstand".

NEIN — Bereichert Ihr Status das Leben eines Freundes?

JA — GAME OVER

NEIN

JA — OK, POSTEN

**NICHT POSTEN**

**OK, POSTEN**

Nicht auf Likes warten. Weiterleben.

# FOTO

**Sind Sie auf dem Bild zu sehen?**

**NEIN**

Zeigt das Bild Essen, Sonnen-
auf- oder -untergang, Strand mit Füßen,
minderjährige Kinder mit Schokomund,
süße Tiere, lustige Straßenschilder,
Alkohol, ein Zitat, Selbstgebasteltes?

**JA**

Sind Sie der Meinung,
dass dieses Bild die Welt
besser macht, wenn Sie
es posten?

**NEIN**

Verlassen Sie Facebook.
Bestellen Sie sich Hirn
auf eBay und ein Update
Ihres „gesunden"
Menschenverstands wäre
auch dringend notwendig.
Viel notwendiger als
ein Bild, das sogar die
Facebook-Welt nicht
braucht.

**NEIN**

Sind Sie kurzsichtig?

**JA**

Haben Sie Alkohol
getrunken?

**JA**

Möchten Sie noch
einen Schluck?

**JA**

Danach: Ab ins
Bett! Und wehe, Sie
versenden das Bild
via WhatsApp!

**NEIN**

**JA**

Haben Sie sich selbst fotografiert,
z.B. mit Ihrem Handy?

**JA**

Glauben Sie, dass
Selbstporträts von Ihnen
oder Ihren Körperteilen
Ihr Internet-Ich
verschönern?

**NEIN**

Warum möchten Sie es
dann veröffentlichen?

**NEIN**

Sind Sie vollständig
bekleidet?

**NEIN**

Schenken Sie das
Bildmaterial Ihrem
Partner und schreiben
Sie „Für immer* Dein!"
darauf. Fußnote: * ;-).

**JA**

**NICHT POSTEN**

**OK, POSTEN**

Nicht auf
Likes warten.
Weiterleben.

135

# Natürliche Auslese

## Die Guten, die Schlechten und die Hässlichen: Liken, disliken oder ignorieren. Treffen Sie Ihre Wahl.

### DER NARZISST

„Fashion Week Backstage: Leider geil!"

Hier Foto einkleben

**MERKMALE:** Veröffentlicht täglich Fotos im Album „Leider geil!". Profilbild vom Promi-Fotograf, liked eigene Beiträge, filmt Videos mit Titeln wie „My lonely Cabrio-Nights", hat über 1.000 Freunde.

### DIE ZWITTER

„Ich liebe uns noch genauso wie vor 23 Monaten und 39 Tagen!"

Hier Foto einkleben

**MERKMALE:** Glückliches Liebespaar auf „Facebook-Zeit". Die zwei lassen sich so viel „Freiraum", dass sie ein gemeinsames Profil haben. Titel- und Profilbild zeigen die „Liebenden" in Kuss und Umarmung. Beziehungsstatus: versklavt.

### DER PROFILNEUROTIKER

„Bitte teilen: Neue Privatsphäre-Einstellungen aktivieren!"

Hier Foto einkleben

**MERKMALE:** Ist auf Facebook, fürchtet aber um seine Privatsphäre. Verbreitet deshalb ständig neue Gefahrenmeldungen, hält sich für Robin Good – Schizo!

### DER LIKE-JÄGER

„Wer heute keinen Bock auf Büro hat, antwortet mit einem Like!"

 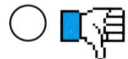  

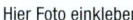
Hier Foto einkleben

**MERKMALE:** Ihm gefällt alles. Jedes Like auf seine Like-heischenden Beiträge kommentiert er – mit einem Like. Und weil er über 1.000 Freunde hat, liked er täglich stundenlang und fühlt sich dabei sehr geliked.

### DIE UNTERMUTTER

„Verdammt! Kotzendes Kind! Ich kotze auch gleich! Wer weiß Rat?"

 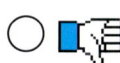  

Hier Foto einkleben

**MERKMALE:** Würde man ihre Chronik ans Jugendamt senden, kämen die doch glatt ganz analog vorbei. Wenn ihr Kind groß ist, wird es Mordlust empfinden beim Anblick aller Verletzungen seiner Privatsphäre in Wort und Bild.

### DER STALKER

„. . . . . . . . . . . . . . . . . ."

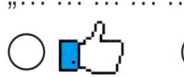 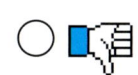  

Hier Foto einkleben

**MERKMALE:** Er sieht alles, aber ihm gefällt nichts. Er ist unsichtbar, aber immer da. Er ist scharf auf Sie, aber das würde er nie zugeben. Treffen Sie ihn live, kennt er die Details Ihrer Facebook-Chronik besser als Sie selbst.

### DIE ZITATE-SCHLEUDER

„Be careful with words. Once said, they can be forgiven, not forgotten."

Hier Foto einkleben

**MERKMALE:** Drückt die gesamte Verzweiflung seines Facebook-Ichs mit den Worten anderer aus. Veröffentlicht im Stundentakt Zitate, deren Bart bis in die Antarktis reicht.

# You like?

## Was Ihnen „Freunde" sagen wollen, wenn Sie „Gefällt mir" klicken:

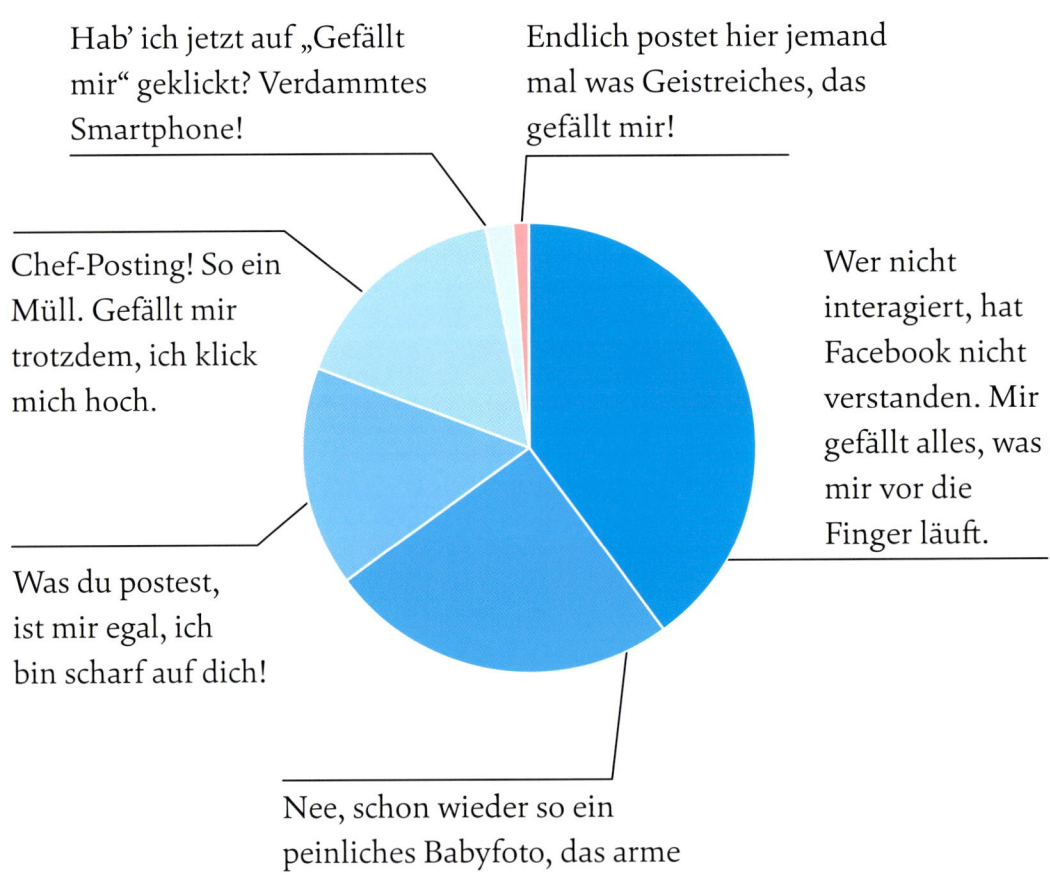

Hab' ich jetzt auf „Gefällt mir" geklickt? Verdammtes Smartphone!

Endlich postet hier jemand mal was Geistreiches, das gefällt mir!

Chef-Posting! So ein Müll. Gefällt mir trotzdem, ich klick mich hoch.

Wer nicht interagiert, hat Facebook nicht verstanden. Mir gefällt alles, was mir vor die Finger läuft.

Was du postest, ist mir egal, ich bin scharf auf dich!

Nee, schon wieder so ein peinliches Babyfoto, das arme Kind. Egal. Muss. „Gefällt mir".

Inspiriert von Süddeutsche Zeitung Magazin „Gefühlte Wahrheit", 27/2012.

# Was Ihnen „Freunde" sagen wollen, wenn Sie NICHT auf „Gefällt mir" klicken:

Zu viele Likes! Schnell checken, wie viele potenzielle Seitensprung-Partner darunter sind.

Wenn mir das gefällt, wissen alle, dass ich scharf auf dich bin.

Ich like nur meine eigenen Beiträge.

Das gefällt mir! Was mir nicht gefällt ist, dass du schöner, lustiger, beliebter, geist- und erfolgreicher bist als ich.

Likes sind mir egal, ich bin nur zum Stalken auf Facebook.

Geistiger Durchfall, banales Blubb, ein Fall für den „Dislike"-Button und „Beitrag verbergen".

Ausschneiden und auf alles und jeden kleben, der ein aufrichtiges „Gefällt mir" verdient.

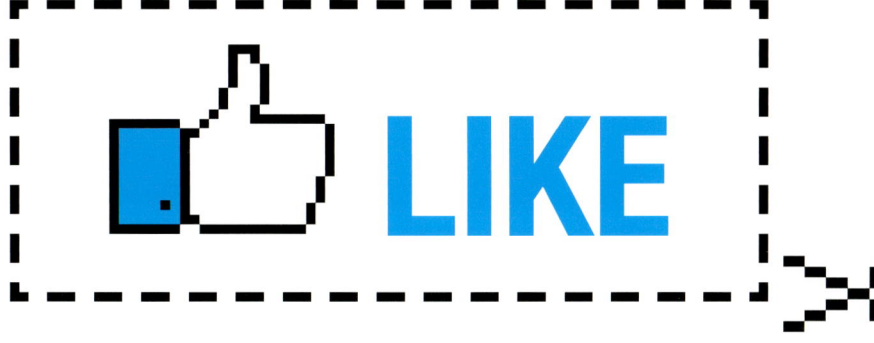

# Härtetest für Freunde

## Wie viele Ihrer Facebook-„Freunde" werden Ihnen Geld leihen, Ihren Seitensprung decken und mit Ihnen eine Leiche entsorgen? Machen Sie den Test!

Der Test geht schneller als Sie denken: Senden Sie diese drei Hilferufe als Facebook-Nachricht an verschiedene „Freunde". An ihrer Reaktion werden Sie sofort erkennen, wer in Ihre neue „Falsche Freunde"-Liste wandert.

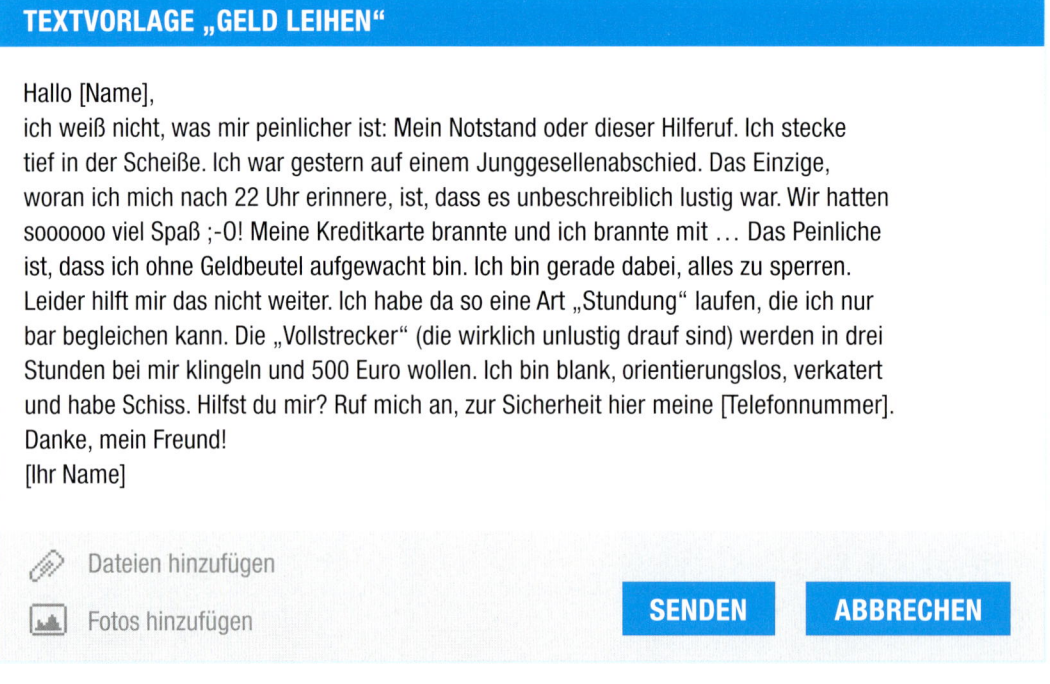

**TEXTVORLAGE „GELD LEIHEN"**

Hallo [Name],
ich weiß nicht, was mir peinlicher ist: Mein Notstand oder dieser Hilferuf. Ich stecke tief in der Scheiße. Ich war gestern auf einem Junggesellenabschied. Das Einzige, woran ich mich nach 22 Uhr erinnere, ist, dass es unbeschreiblich lustig war. Wir hatten soooooo viel Spaß ;-O! Meine Kreditkarte brannte und ich brannte mit … Das Peinliche ist, dass ich ohne Geldbeutel aufgewacht bin. Ich bin gerade dabei, alles zu sperren. Leider hilft mir das nicht weiter. Ich habe da so eine Art „Stundung" laufen, die ich nur bar begleichen kann. Die „Vollstrecker" (die wirklich unlustig drauf sind) werden in drei Stunden bei mir klingeln und 500 Euro wollen. Ich bin blank, orientierungslos, verkatert und habe Schiss. Hilfst du mir? Ruf mich an, zur Sicherheit hier meine [Telefonnummer]. Danke, mein Freund!
[Ihr Name]

Dateien hinzufügen

Fotos hinzufügen

SENDEN   ABBRECHEN

## TEXTVORLAGE „SEITENSPRUNG DECKEN"

Hallo [Name],
ich weiß nicht, wen ich sonst fragen soll, deshalb wende ich mich heute mit einer
pikanten Bitte an dich! Meine Beziehung läuft gerade etwas mau und braucht dringend
einen neuen Kick. Das kennst du ja sicher … kommt in den besten Familien vor ;-))). Eine
Ex-Flamme von mir ist in der Stadt und ich würde gerne das alte Fieber befeuern. Bist
du mein Alibi? Wir könnten uns um 23 Uhr kurz treffen, ein Foto machen, es posten und
taggen. Es kann sein, dass [Name des aktuellen Partners] dich mit einem Kontrollanruf
belästigt, du müsstest dann ein bisschen improvisieren. Bist du dabei?
Danke, mein Freund!
[Ihr Name]

 Dateien hinzufügen

 Fotos hinzufügen

**SENDEN**   **ABBRECHEN**

## TEXTVORLAGE „LEICHE ENTSORGEN"

Hallo [Name],
ich bin so paranoid, dass ich mich nicht traue, dich anzurufen. Ich finde auch gerade
deine Handynummer nicht. Verdammt! Zur Sache: Ich habe im Vollrausch die Katze von
[Name eines geliebten Menschen] überfahren. Es war ein Unfall! Oder besser gesagt:
Suizid! Das Fellbiest hatte sich todessehnsüchtig unter mein Auto geworfen als ich
versuchte, mit gefühlten zwei Promille einzuparken. Als ich den Widerstand merkte, war
es schon zu spät. Ich kann weder Blut noch Leichen sehen und habe meinen Mageninhalt
bereits mehrfach dem Bordstein gespendet. Kannst du vorbeikommen und mir helfen,
die Leiche zu entsorgen? Es muss so aussehen als wäre die Katze verschwunden. Bring'
Putzmittel und einen Müllsack mit! DANKE!!!
[Ihr Name]

 Dateien hinzufügen

 Fotos hinzufügen

**SENDEN**   **ABBRECHEN**

# Das Freundesopfer

## Der Härtetest (Seite 140) hat Ihnen gezeigt, welche Facebook-Freunde echte Freunde sind. Und die anderen? Die tauschen Sie gegen etwas ein, das echten Wert hat.

**LEGEN SIE LOS:** Es gibt den aufrichtigen Weg und den feigen Weg. Wählen Sie den, der Ihrem Rückgrat* am ehesten entspricht.

**DER FEIGE WEG:**

Sie gehen Ihre Facebook-Freunde durch, entfernen die „falschen Freunde" aus Ihrem Nachrichtenstrom („In den Neuigkeiten anzeigen" weghaken) und schieben sie auf Ihre neue Liste „Falsche Freunde".

**DER AUFRICHTIGE WEG:**

Sie gehen Ihre Facebook-Freunde durch und entfreunden jeden, der Ihnen im echten Leben nicht aus der Patsche helfen würde. Weil Sie ein Mensch mit Rückgrat sind, senden Sie vor dem Klick auf „Als Freund entfernen" eine Nachricht, in der Sie Ihre neue Facebook-Strategie erklären. Kleine Formulierungshilfe gefällig? Bitteschön: *„Ich möchte mehr Lebenszeit fürs wirklich Wesentliche gewinnen und weniger Zeit auf Facebook verdaddeln. Deshalb reduziere ich meinen digitalen Freundeskreis auf die Menschen, deren Inhalte mir von Herzen wichtig sind oder mich sonstwie weiterbringen. Alles Gute für dich ...".* Wenn Sie sich das trauen, Hut ab!

\* Haben Sie Rückgrat? Kleine Testfrage: Sagen Sie Menschen Ihre Meinung ins Gesicht? Oder bevorzugen Sie eine Textnachricht? Im ersten Fall haben Sie Rückgrat, im zweiten ein Kommunikationsproblem.

**UND DANN GÖNNEN SIE SICH ETWAS.** Belohnen Sie sich für jeden Zeitdieb, den Sie losgeworden sind, mit einer analogen Freude. Dafür haben Sie jetzt Zeit, weil Ihre Facebook-Aufmerksamkeit sich nur noch auf das für Sie Wesentliche konzentriert.

**HIER EIN PAAR IDEEN ZUR INSPIRATION:**

— **STATT MUSIK-VIDEOS AUF FACEBOOK ANSEHEN:** Freunde einladen – jeder bringt seine „Fünf besten Songs aller Zeiten" mit und erzählt, warum ihm diese Songs so viel bedeuten.

— **STATT ESSEN FOTOGRAFIEREN:** Kaufen Sie sich ein neues Kochbuch (z.B. Jamie Oliver: „Kochen für Freunde: Neue geniale Rezepte" oder Johann Lafer: „Kochen für Freunde" – gleicher Titel, anderer Inhalt), zelebrieren Sie das Zubereiten und genießen Sie das Essen handyfrei mit Ihren Liebsten. Falls Sie nicht kochen können oder wollen, buchen Sie einen „Kochen mit einem Chefkoch"-Abend.

— **STATT MAFIA WARS:** Machen Sie Ihren Freunden ein Angebot, das diese nicht ablehnen können! Laden Sie sie zu einem Triple Feature von „Der Pate" ein. Danach bitten Sie sie um „einen kleinen Gefallen" …

— **STATT ZITATE POSTEN:** Laden Sie Ihre Freunde zu einem Lieblingsbuch-Abend ein. Jeder bringt ein Buch mit, das sein Leben verändert hat, und liest die bewegendsten Passagen vor.

— **STATT ANSTUPSEN:** Besuchen Sie einen Abend bei „Dialog im Dunkeln"*. Das schärft Ihre Sinne für alles, was wesentlich ist.

**TIPP: LIEBENSWERTE GESCHENK-IDEEN MIT WENIG AUFWAND,** aber viel Lebenszeitgenuss für Sie selbst, Ihre Freunde und Ihre Familie finden Sie auf www.zeit-statt-zeugs.de .

* Deutschland und Schweiz: www.dialog-im-dunkeln.de, Österreich: www.dialogimdunkeln.at

# Mahnmal

Liken Sie diese Seiten im Drei-Sekunden-Takt. Wie? Heben Sie einfach Ihren Daumen.

21 – 22 – 23   21 – 22 – 23   21 – 22 – 23

21 – 22 – 23   21 – 22 – 23   21 – 22 – 23

21 – 22 – 23   21 – 22 – 23   21 – 22 – 23

21 – 22 – 23   21 – 22 – 23   21 – 22 – 23

21 – 22 – 23   21 – 22 – 23   21 – 22 – 23

21 – 22 – 23   21 – 22 – 23   21 – 22 – 23

21 – 22 – 23   21 – 22 – 23   21 – 22 – 23

👍 21 – 22 – 23    👍 21 – 22 – 23    👍 21 – 22 – 23

👍 21 – 22 – 23    👍 21 – 22 – 23    👍 21 – 22 – 23

👍 21 – 22 – 23    👍 21 – 22 – 23    👍 21 – 22 – 23

👍 21 – 22 – 23    👍 21 – 22 – 23    👍 21 – 22 – 23

👍 21 – 22 – 23    👍 21 – 22 – 23    👍 21 – 22 – 23

👍 21 – 22 – 23    👍 21 – 22 – 23    👍 21 – 22 – 23

👍 21 – 22 – 23    👍 21 – 22 – 23    👍 21 – 22 – 23

**ALLE DREI SEKUNDEN STIRBT EIN KIND AN DEN FOLGEN EXTREMER ARMUT.** Überlegen Sie vor dem nächsten „Gefällt mir", ob der Inhalt wirklich Ihre Aufmerksamkeit verdient – und Ihren erhobenen Daumen. Dieser Vergleich ist entsetzlich und makaber. Er soll Sie zum Nachdenken bringen und zum Umdenken motivieren. Das ist der wichtigste Teil der Therapie.

# Ihr Führerschein für Facebook

Geschafft! Das ist die letzte Therapie-Seite gegen Facebook-Inkontinenz. Wenn Sie sicher sind, dass Ihr Facebook-Ich jetzt wasserdicht ist, dann unterschreiben Sie mit Eigenblut.

**ALS INHABER DIESES FÜHRERSCHEINS VERSICHERE ICH, DASS ICH:**

- ☐ nie wieder Essensfotos posten werde – es sei denn, ich betreibe ein Restaurant, schreibe Kochbücher, bin Food-Fotograf oder Koch und nutze Facebook zur Selbstvermarktung.
- ☐ vor jeder Status-Meldung das Post-Shit-Radar anwerfen werde (Seite 134).
- ☐ Facebook-„Freunde" nie wieder mit Menschen verwechseln werde, die bei meiner Beerdigung eine Rede halten (Seite 140).
- ☐ nichts auf Facebook veröffentlichen werde, das ich nicht morgen über mich in einer Boulevard-Zeitung meines Grauens lesen will – in Wort und Bild.
- ☐ Ex-Partner in Liebe und Gelassenheit ziehen lasse, sie im gemeinsamen Einverständnis entfreunde und fortan blockiere, nur um zu vermeiden, dass gegenseitiges Stalking die wiedererwachende Lebenslust behindert.
- ☐ nie (!) wieder meinen Beziehungsstatus veröffentlichen werde – es sei denn, Facebook bietet „ist in einer Beziehung mit ‚nur der Tod ist für immer'" an.
- ☐ meine eigene und die Privatsphäre meiner Freunde, Kinder und Haustiere schützen werde bis zum letzten Klick. Markieren und Taggen, nein danke!

- [ ] ein „Gefällt mir" nie wieder mit einer Messgröße für meine Beliebtheit oder meinen Wert als Mensch aus Fleisch und Blut missverstehen werde.
- [ ] die Qualität meiner Freunde der Quantität vorziehe – es sei denn, ich nutze Facebook aus Marketing-Gründen. Aber auch dann zählt die Interaktionsrate mehr als die Masse inaktiver „Fans".
- [ ] neue Freunde nur noch dann akzeptieren werde, wenn sie mir etwas bringen: persönlichen Mehrwert oder Marketing-Erfolg – dazwischen gibt es nicht viel.
- [ ] die E-Müllabfuhr (Seite 114) mindestens zweimal im Monat mein Profil säubern lasse.
- [ ] begriffen habe, dass Facebook ein börsennotiertes, auf Gewinn aus privaten Nutzerdaten fokussiertes Unternehmen ist – und keine karitative Gemeinschaft.

**FÜHRERSCHEIN**

190 909 068

FOTO

VORNAME

NACHNAME

WEBADRESSE

SOFORT

GÜLTIG AB

DATUM

Gefällt mir

UNTERSCHRIFT

KLASSEN

https 🔒 www.facebook.com

# 404

## SEITE NICHT GEFUNDEN

**GESCHAFFT!** Sie haben alles, was Sie von Facebook nicht brauchen, erfolgreich gelöscht. Und warum ist jetzt die ganze Seite weg? Das müssen Sie sich schon selbst fragen. Nutzen Sie die Zeit und überlegen Sie in Ruhe, welchen Mehrwert Ihnen Facebook in Zukunft bringen kann, soll und wird. Sobald Sie sicher sind, dass Ihre neue Strategie Ihnen und Ihren Lieblingsmenschen mehr Vorteile als Nachteile bringt, klicken Sie „reload" und starten Ihr neues Facebook-Leben mit einer ausgiebigen Runde Profil-Putzen und „Falsche Freunde"-Löschen.

**Twitter**
#Ich #muss #scheißen

**Facebook**
Ich habe geschissen

**Google+**
Lasst uns gemeinsam
abkacken

**YouTube, Vimeo**
Sieh dir diese Scheiße an

**Wikipedia**
Scheiße wird vulgär
für Kot benutzt

**Pinterest**
Ach, du schöne Scheiße

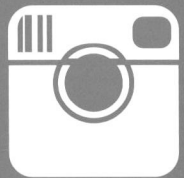

**Instagram**
Gefilterte Retro-Scheiße

**Skype**
*scheiße*

**Xing**
Ich bin ein guter Scheißer

**Flickr, Picasa**
Meine Scheiß-Alben

**LinkedIn**
I'm good at shitting

# Reputations-Infarkt

[MORBUS GOOGELUS MALDICTUS]

**WhatsApp**
Scheiß' mich an

**Slideshare**
Meine Klopapierrolle
erklärt Scheiße

**Spotify**
Hör' dir diese Scheiße an

**Foursquare**
Hier scheiße ich gerade

**Tripadvisor**
Mein beschissenes Hotel

**Google:** Suchbegriff „Scheiße"*
Ergebnis: Zensiert.
Gut für Sie.
Besser Sie verwandeln die Scheiße vorher in Gold.

\* Verzeihen Sie die Fäkalsprache. Drastischer kann man
Reputations-Infarkt nicht erklären. In diesem Kapitel geht
es unter anderem darum, einen Shitstorm zu vermeiden.
In diesem Zusammenhang ist nichts treffender als Scheiße.

**REPUTATIONS-INFARKT:** Unattraktive, peinliche, beziehungs- und geschäftsschädigende, karrierekillende Suchergebnisse, die auftauchen, sobald Sie bei Google Ihren Namen oder den Ihrer Firma (Marke, Produkte) eingeben. Gedankenloser, meist aktionistischer Umgang mit der Ich-Marke in der Web-Öffentlichkeit. Fehlendes Markenführungs- und Privatsphäre-Bewusstsein. Das Krankheitsbild trifft auch radikale Internet-Verweigerer: Keine Suchergebnisse führen ebenso direkt in den Reputations-Infarkt wie unvorteilhafte Ergebnisse.

**REPUTATIONS-INFARKT WURDE FRÜHER AUCH ALS** Netzwerken, „erst denken, dann handeln" und gesunder Menschenverstand bezeichnet.

**VERWANDTE KRANKHEITSBILDER:** Sklaven-Phonitis, Facebook-Inkontinenz, Sinnlos-Surf-Syndrom, Jobverlust, Partner-Panik, Ehebruch, Identitätskrise, Existenzangst, Social Media-Burnout, Social Media-Suizid.

# „Das Internet gaukelt den Menschen vor, sie könnten alles erfahren, billig und schön. Doch sie erkennen nicht, was wahr ist und was falsch.

**WOLF SCHNEIDER UND PAUL-JOSEF RAUE**
„DAS NEUE HANDBUCH DES JOURNALISMUS UND DES ONLINE-JOURNALISMUS", 2012

# FLUCH

**KARRIERE-INFARKT:** Der US-amerikanische Politiker Anthony Weiner hatte im Juni 2011 allen Grund zum Weinen. Selbst schuld: Weiner hatte ein Oben-Ohne-Foto und eines, das ihn mit ausgebeulter Boxershort zeigt, „versehentlich" auf Twitter veröffentlicht. Befand sich sein Hirn zu diesem Zeitpunkt in der Boxershort? Hat er deshalb auf den falschen Knopf gedrückt und die Weltöffentlichkeit mit seinen Fotos der Kategorie „XL-notgeil" behelligt? Fakt ist: „Weinergate" kostete Weiner die Kandidatur für den Bürgermeisterposten von New York City.

Quelle: Salon.com

**STREISAND-EFFEKT:** Wer Wind sät, wird Sturm ernten. Auf Internet-Sprech: Wer versucht, das Netz zu zensieren, wird mit einer Top-Platzierung auf Google und einer großen Welle Web-Öffentlichkeit „belohnt". Die Namensgeberin dieses Reputationskiller-Phänomens ist Barbra Streisand. Ihr Fall schrieb 2003 Internet-Geschichte: Streisand protestierte gegen die Veröffentlichung von Luftbildern, die ihr Anwesen an der kalifornischen Küste zeigten. Ihr Protest lenkte die Aufmerksamkeit auf ein Foto, das bis dahin niemanden interessiert hatte. Schwupps wurde das Foto zum Klickmonster und Frau Streisands Anwesen erst recht bekannt – der Streisand-Effekt war geboren. Auch in Deutschland findet er immer wieder prominente Nachahmer, denken Sie nur an den „Bettina-Effekt"…

Quelle: Wikipedia

**BLINDER AKTIONISMUS:** Firmen mit mehr als 1.000 Mitarbeitern sind laut einer Studie von Marktforschern der Altimeter Group mit über 100 verschiedenen Profilen in Sozialen Netzwerken aktiv. Masse statt Klasse lautet ihre Strategie, die keine ist und auch auf der zweiten Meile versagt: Nur 25 Prozent der Unternehmen trainieren die Social Media-Kompetenz der Mitarbeiter, die die Unternehmensprofile redaktionell betreuen. Die Folge: Ahnungslose Menschen kommunizieren im Namen des Unternehmens mit der Web-Öffentlichkeit – Reputations-Infarkt vorprogrammiert.

Quelle: Altimeter Group, „A Strategy for Managing Social Media Proliferation", 2012

**NACKT IM WEBWIND:** Neun von zehn Social Media-Nutzer geben ihren echten Namen preis. Jeder zweite veröffentlicht Beziehungsstatus, Geburtsdatum, Beruf, persönliche Fotos und seine E-Mail-Adresse. Bei der Wohnadresse ist man vorsichtiger: nur einer von zehn Nutzern gibt seinen Wohnsitz bekannt. Beim aktuellen Aufenthaltsort versagt das Privatsphäreschutz-Radar häufiger: 35 Prozent der Männer und 20 Prozent der Frauen verraten, wo sie sich gerade befinden.

Quelle: uSamp, „Social Media Habits and Privacy Concerns", 2012

**STANDGERICHT:** Ein Burger King-Mitarbeiter stellt sich im Juni 2012 in den Salat, den er seinen Kunden verkauft und veröffentlicht das Foto um 23:38 Uhr im US-amerikanischen Netzwerk „4Chan" mit der Bildunterschrift: „Da haben Sie den Salat, den Sie bei Burger King essen!". Binnen 12 Minuten identifizieren andere User anhand der Bilddaten eine US-Filiale als Tatort, innerhalb von 17 Minuten wissen die Medien Bescheid, nach 20 Minuten Burger King. Am nächsten Morgen wird der Mitarbeiter gefeuert.

Quelle: Mashable

# SEGEN

**SCHWARMINTELLIGENZ ALS LÜGENDETEKTOR:** Manchmal profitieren Demokratie und Wahrheit vom Reputations-Infarkt einer Person oder eines Unternehmens. Prominentes Beispiel: Das GuttenPlag-Wiki. Das Reputations-„Opfer": der damals noch amtierende deutsche Verteidigungsminister Karl-Theodor zu Guttenberg. Noch am 16. Februar 2011 bezeichnete er die Vorwürfe, wonach er seine Doktorarbeit abgekupfert haben soll, als „abstrus". Am nächsten Tag wird GuttenPlag-Wiki gegründet. „Die Intelligenz der Vielen übertrifft die Dreistigkeit des Einzelnen" schreibt die Berliner Tageszeitung „taz" darüber in einer Retrospektive mit dem Titel „Die Beute des Schwarms". Bis Januar 2013 haben Nutzer in Guttenbergs Doktorarbeit über 1.200 Plagiatsfragmente aus 135 Quellen auf 371 von 393 Seiten in insgesamt 10.421 plagiierten Zeilen aufgedeckt. Die „taz"-Moral von der Geschichte? „Niemals Soziologie-Studenten im 14. Semester mit Internetzugang unterschätzen."

Quellen: taz, de.guttenplag.wikia.com

**PHÖNIX AUS DER REPUTATIONS-ASCHE:** Einen der ersten „Shitstorms" im Web löste der Blogger und Journalismus-Dozent Jeff Jarvis aus. 2005 bloggte er unter der Überschrift „Dell sucks, Dell lies" seinen Frust über den schlechten Kundenservice und die Produkte von „Dell". Andere Nutzer schlossen sich an und gründeten Hass-Communitys wie dellhell.net. Der Umsatz des Computerherstellers brach ein. Dell verwandelte Fluch in Segen und investierte in Kundenfeedback. Die Dell-Community ideastorm.com startete 2007. Stand Januar 2013 waren dort über 730.000 Kunden-Ideen eingegangen, die Dell als Wettbewerbsvorteil nutzt. Reputation saniert, Umsatz gesteigert.

Quellen: Wikipedia, The Guardian

**35 %** der Facebook-Nutzer starten ihre Reise durchs Web auf ihrem Facebook-Profil. Der Segen? Wer seine Inhalte im Internet vermarkten will, kann von Facebook als Klickbringer profitieren und wird unabhängiger vom Google-Monopol.

Quelle: PwC, 2012

**47 %** aller US-amerikanischen Unternehmen nutzen das Karriere-Netzwerk LinkedIn für ihre Online-Reputation. Eine Studie des Software-Anbieters Pardot kommt zu dem Ergebnis, dass LinkedIn (auf den deutschsprachigen Raum übertragen wäre das Xing) zu mehr Geschäftskontakten führt (Trefferquote 32 Prozent) als etwa Blogs (27 Prozent), Twitter (15 Prozent) oder Facebook (12 Prozent). Der Segen beinhaltet einen Fluch: 90 Prozent der befragten Unternehmen nutzen Facebook und Twitter, 47 Prozent LinkedIn.

Quelle: Pardot.com

**87 %** der Internet-Nutzer entscheiden sich für ein Produkt oder einen Dienstleister, wenn es bzw. er im Web positiv bewertet wurde. 80 Prozent wählen bei negativen Bewertungen einen anderen Anbieter.

Quelle: Cone, „Online Influence Trend Tracker", 2011

# Sie können nicht nicht kommunizieren.

## Wer im Internet nicht gefunden wird, existiert nicht. Wer sich zu privat darstellt, findet keinen Job. Wer nicht in Netzwerken aktiv ist, meidet Gefahren und verpasst Chancen. Wer in zu vielen aktiv ist, erleidet Profilverlust. Ein Dilemma? Jein.

**WER ÜBERALL DABEI IST, IST NIRGENDS WIRKLICH PRÄSENT.** Die Folge? Was man im Netz von Ihnen findet, ist entweder zu privat oder zu substanzlos und im schlimmsten Fall beides. Wird nichts gefunden, weil Sie Soziale Netzwerke boykottieren, ist das noch vernichtender für Ihre Reputation. Wer nicht gefunden wird, existiert nicht. Wer nicht existiert, kann keine Karriere machen. Die Folge: Sie müssen gefunden werden. Und das ist (leider) Synonym für: Google – das Monopol diktiert die Mittel. Was machen Sie jetzt? Bitte nicht das, was schon zu viele Menschen, Marken und Firmen falsch machen.

**BLINDER AKTIONISMUS IST KEIN WEG.** Aber das Web verführt dazu. Täglich taucht ein neuer „heißer Scheiß" auf. Er überholt Ihren Menschenverstand schneller als Sie die Datenschutzrichtlinien lesen können. Schwupps sind Sie dabei. Nicht richtig. Aber irgendwie. Achtung, Denkfehler: „Irgendwie" ist schlechter als „gar nicht". Was ist „heißer Scheiß"? Nennen Sie ihn „Branchout", nennen Sie ihn „Klout". Früher hieß das Zeug mal „Second Life", „MySpace" oder „A Small World". Zwischendrin kam „Google+", aktuell wird „Pinterest" gehypt. Was lernen Sie daraus? Die wichtigste Handlungsgeschwindigkeit für Ihre Online-Reputation ist: zu wissen, wo Sie nicht dabei sein müssen. Das erspart sehr viel Lebenszeit und optimiert Ihren Ruf im Web. Warum? Weil Sie Ihr Internet-Ich führen müssen wie eine Premium-Marke. Sobald die überall erhältlich ist, ist sie nichts mehr wert. So einfach ist das – und so dramatisch.

**WIR SCHREIBEN DAS JAHR WEB 3.0.** Selbstdarstellung ist keine Sache, die Sie ausschließlich selbst erledigen. Es ist schlimmer: Andere erledigen das für Sie mit, ob Ihnen das gefällt oder nicht. Sie werden auf Xing weiterempfohlen (auf LinkedIn-Sprech „endorsed") oder auch nicht – und schwupps sind Sie erledigt. Nur, weil Sie in einem Anflug von Schnapslaune ein delikates Foto auf Facebook gepostet haben, um Ihren Ex-Partner zu ärgern. Der hat das kopiert und eine entstellte Version auf Google+ veröffentlicht. Wenn Sie Ihren Namen googeln, erscheint das Foto. Peinlich. Gleich darunter sehen Sie Ihre Amazon-Rezension von „Fifty Shades of Grey." Noch peinlicher. Was hatten Sie sich eigentlich dabei gedacht, als Sie „Das ist so erotisch!!! Ich hatte ja keine Ahnung!!! Geil!!! Geil!!! Geil!!!" geschrieben haben? Zu wenig.

**SCHÖN BLÖD FÜR DAS FÜHRUNGSZEUGNIS IHRES INTERNET-ICHS!** Auch wenn Amazon diese Rezension löschen sollte, weil Sie inständig darum bitten – das reicht nicht. Ihre Rezension wurde längst auf hundert anderen Webseiten veröffentlicht, die Amazon mit User-Inhalten beliefert. Hier beginnt eine unendliche Geschichte, die Ihre Online-Reputation nur unbeschadet überlebt, wenn Sie jetzt ein kluges Filtersystem entwickeln und Ihr Post-Shit-Radar scharfstellen. In beiden Fällen ist „Zeit" die relevante Komponente. Nehmen Sie sich Zeit und entwickeln Sie eine Strategie für die Markenführung Ihres Internet-Ichs. Geizen Sie mit Omnipräsenz: weniger bewirkt mehr. Bevor Sie irgendwo im Web aktiv werden, machen Sie eine Kosten-Nutzen-Rechnung: Was nur Zeit kostet, bringt nichts – und im Zweifelsfall das Gegenteil.

# „Ich wäre am liebsten wiederauferstanden!"

**Ben wurde 43 Jahre und 16 Tage alt. Er starb mit seinem Handy auf der Gegenfahrbahn. Sein Auto hat den Unfall überlebt. Und auch er lebte weiter: auf Facebook. Hätte der Unternehmensberater gewusst, was mit seiner Online-Reputation nach seinem Tod passiert – er wäre wiederauferstanden.**

**Ich hatte gerade meinen letzten Atemzug getan,** da ging es schon los. Die Nachricht von meinem Tod hat meine Facebook-Freunde schneller erreicht als ich auf meinen letzten Metern emsig via WhatsApp flirtend Richtung „Game over" gerast war. Die ersten Postings kamen von den Frauen, die ich geliebt habe und von Frauen, die mich geliebt hatten – was per se keine Schnittmenge bildet. Was das betrifft, war ich heilfroh, dass mein Handy beim Unfall draufgegangen war. Was meine „Lieben" dort gefunden hätten, hätte viele Rosenkriege ausgelöst. Peinlich war, dass meine zwei aktuellen „Erstfrauen" ihren Schmerz und meinen Verlust so offensiv auf meiner Facebook-Chronik beklagten, dass jedem aufgefallen sein muss, dass mit beiden etwas lief.

**„Du warst für mich die ganze Welt",** postete die eine. Die andere legte sofort nach und ließ mich *(Mich! Der soeben verstorben war!)* einen „Brief aus dem Himmel" schreiben, in dem ich *(Ich!)* berichtete, ich sei „gut angekommen", sie solle „nicht traurig sein", sondern „glücklich", weil ich jetzt „mit unendlicher Liebe" über sie wache. Eine meiner Facebook-Stalkerinnen postete ein Bild von mir und schrieb: „In meinem Herzen strahlst du ewig weiter."

**Der Kondolenz-Terror wurde noch schlimmer:** Ein Internet-Bekannter, den ich als potenziellen Kunden via Xing attackiert hatte, beschrieb unsere „Freundschaft" aufs Allerpeinlichste: „Ich habe Ben auf Xing kennengelernt. Erst dachte ich, sein Interesse sei rein geschäftlich. Dann befreundete er mich auf Facebook, ich folgte ihm auf Twitter. Gemeinsam lachten wir über die lustigen YouTube-Videos, die er immer postete, wenn er anderen eine Freude bereiten wollte. Den Link zu dem ‚Two Girls, one Cup'-Video hat er mir ganz privat geschickt. Das war der Beginn unserer Freundschaft. Nächste Woche wäre das neue Jahresbudget fixiert worden. Im Anschluss wollten wir uns endlich im richtigen Leben treffen. Jetzt wird es nicht mehr dazu kommen. Gute Reise, Ben! Du warst ein großer Menschenfreund. Du fehlst mir!"

# „Nie wieder ohne Internet-Testament!"

**Dann wurde es bizarr.** Meine Assistentin übernahm meinen Account (wir … also … sie hatte mein Passwort, weil wir Facebook geschäftlich benutzt haben). Und was tut sie? Sie akzeptiert Tage nach meinem Tod neue Freunde! „Ben ist jetzt mit ‚Susi Sorglos' befreundet." „Ben ist tot!", wollte ich rufen, und: „Gefällt mir nicht!". Und wiederauferstehen wollte ich! Sofort – und zwar nur, um meinen Daten-Müll zu entsorgen. Beim Gedanken, welche Spuren meine multiplen digitalen Ichs auf meinen Festplatten hinterlassen hatten, wurde mir höllenheiß. Zu spät. Ruf posthum ruiniert. Beim nächsten Mal sterbe ich mit Internet-Testament*. //

* Eine Checkliste für Ihren letzten Online-Willen finden Sie auf den Seiten 206 und 207.

# Vom Menschen…

**GRENZENLOS.** Beruflich und privat trennen Sie nicht mehr. Ihr Internet-Ich ist beides. Und das immer öfter.

**BLOGGER.** Sie brauchen keine Foren mehr. Sie starten Ihr eigenes Blog. Inhalte? Alles, was Sie interessiert. Ihr Verein, Spaß, Urlaub, das andere Geschlecht. Zielgruppe? Jeder, den das auch interessiert.

**WORTFÜHRER.** Das Internet ist ein großer Stammtisch. Sie werden Wortführer. Weil Sie die verbale Blutgrätsche zu oft auspacken, werden Sie aus Ihrem Fußball-Forum verbannt.

**VOX POPULI.** Jetzt ist Ihr Internet-Ich so selbstbewusst geworden, dass Sie fortan auf Pseudonyme verzichten und unter Ihrem echten Namen kommentieren. In Fußball-Foren, auf Medienseiten, bei YouTube und Amazon.

**A SMALL WORLD.** „Sind Sie auf OpenBC?" ersetzt Visitenkarten. Eines Tages werden Sie gefragt, ob Sie bei „A Small World" dabei sind. Noch nicht. Da kommt man nur mit Einladung rein. Sie erhalten eine, das fühlt sich an wie ein 4:0-Auswärtssieg gegen Real Madrid. Sie feiern sich.

**HALLO WELT!** Mit Ihrem OpenBC-Profil bekommt Ihr Internet-Ich ein Gesicht. Das Sonnenbrillen-Foto zeigt Ihren Kontakten, dass Sie auf der Sonnenseite leben. Ihr Chef zwingt Sie, es durch ein „seriöses" Bild zu ersetzen und erklärt Ihnen den Unterschied zwischen beruflich und privat. Und wer zahlt den Beitrag für Ihre Premium-Mitgliedschaft? Sie. Wer profitiert von Ihren Akquise-Versuchen im virtuellen Business Club? Er. Ist das fair? Nein. Das ist Internet.

**BUSINESS CLUB FÜR ALLE!** „OpenBC" (heute bekannt als „Xing") reißt 2003 die Mauern der Zwei-Business-Kasper-Klassengesellschaft ein. Wer zu jung, zu cool, zu arm oder zu unwichtig für den Zigarrenclub oder die Rotarier war, konnte jetzt auch dabei sein: bei OpenBC – dem ersten Business Club für jedermann.

**FRATZENBUCH.** Als Blogger müssen Sie natürlich auch bei Facebook aktiv sein und Ihre Inhalte vermarkten. Das haben Sie neulich in einem Vortrag gehört. Der Vortragende war minderjährig, aber sehr überzeugend. Kein Wunder, bei über 1.000 Facebook-Freunden!

**FKK.** Sie betreiben jetzt auch eine Facebook-Seite (als „Person des öffentlichen Lebens") und betreuen zusätzlich die Ihrer Firma. Auch Ihr privates Profil ist öffentlich. Sie wollen gefunden, geliked und geklickt werden. Mit Ihrem Blog verdienen Sie inzwischen Google-Cents, sobald jemand die Kleinanzeigen klickt, die dort erscheinen.

**GRUPPENSEX.** Freud'scher Tippfehler. Es sollte „Gruppentext" heißen. Auf Facebook haben Sie die Hooligan-Gruppe „Blutgrätsche" gegründet und sind mehreren Spaß- und Protestgruppen beigetreten. Als Sie die Einladung zur Xing-Gruppe: „VIP Lounge – Erfolgreiche treffen Erfolgreiche" erhalten, wissen Sie, dass Sie es geschafft haben. Danke, Social Web!

**#HASHTAG#-HYSTERIKER.** Die selbst ernannte Internet-Avantgarde hasst Facebook und liebt Twitter. Wenn das kein Grund ist? Nach wenigen Monaten ist die #-Taste Ihrer Bürotastatur abgenutzt. #Ihre #Tweets #bestehen #nur #noch #aus #Hashtags. Den Twitter-Account Ihrer Firma betreiben Sie auch.

**#FAIL.** Im Fernsehen läuft diese Hammerpartie: Ihr Verein gegen Real. Und der Drecksschiri? Der gibt den Elfer nicht! #Blinde #Arschpfeife #erschießen! Das twittern Sie – aus Versehen im Namen Ihrer Firma.

**OMBUDSMANN.** Drei Tage lang arbeiten Sie die Beschwerden ab, die es auf Ihren Schreibtisch spült. Den Frust darüber reagieren Sie in Ihrer Facebook-Gruppe „Blutgrätsche" ab. Wer sieht eigentlich, was Sie dort posten, wenn Ihr Blutdruck brodelt? Wissen Sie nicht. Auch egal.

**YOU CAN SAY YOU TO ME.** Sie haben ein paar Xing-Kontakte verloren. Deshalb sind Sie jetzt auch auf LinkedIn. Wenn Sie nur dieses Englisch besser verstehen würden, dann wüssten Sie, dass Sie gerade peinlich werden. Auf Google+ ist das einfacher. Anmelden! Was posten Sie dort? Dasselbe wie auf Facebook.

**WER SIND SIE?** Online-Redakteur? Und wenn ja, wie viele? Sehr viele. Deshalb suchen Sie einen neuen Job. Das erste Bewerbungsgespräch dauert fünf Minuten und endet bei Ihren „Blutgrätsche"-Aktivitäten. Hooligan? Nicht erwünscht.

**THE NUMBER OF THE BIEST.** Vor dem zweiten Gespräch googeln Sie sich selbst. 666 Ergebnisse. Zwei Drittel davon peinlich. Wie können Sie die löschen? Sofort und für immer? Gar nicht.

**IHR INTERNET-ICH IST VORBESTRAFT.** Besser, Sie setzen von Anfang an auf kluge Führung.

... zum Suchergebnis.

# Wie viel Reputations-Infarkt erwartet Sie?

Kommt Ihnen bekannt vor? Trifft auf Sie zu? Machen Sie Ihr Kreuz!

Sie sind Profi: Bei der kleinsten Gemeinsamkeit (Mann/ Frau/Netzwerk) kontaktieren Sie Fremde, schließlich wollen die auch alle „netzwerken".

Facebook nutzen Sie „rein privat". Sie haben 1.369 Freunde. Ihr Hobby? Erotik-Fotografie. Jedes Busen-Bild erhält viele „Likes". Sie haben POtenzial, oder?

Xing ist Ihre Vertriebswaffe: Weil alle Leute von Anrufen genervt sind, schicken Sie täglich 50 Nachrichten an attraktive Unbekannte. Trefferquote? Egal.

Sie wissen um die Macht des Google-Monopols. Deshalb sind Sie auch bei Google+ angemeldet. Ja, angemeldet. Reicht doch, oder?

Konvergenz, Sie sind dabei! Sie loggen sich in einem Dutzend Online-Dienste mit Ihren Facebook-Daten ein und finden das „einfach praktisch".

Unerwünschte Google-Ergebnisse? Unvorteilhafte Fotos, hirnlose Postings? Keine Ergebnisse? Sie schreiben einen User-Brief: „Lieber Herr Google!"

Sie sind jetzt auch auf LinkedIn, dabei sprechen Sie schlechter Englisch als Helmut Kohl und arbeiten national. Jedes Profil bringt Reputation, oder nicht?

Sie ignorieren den SM(Social Media)-Wahnsinn, Sie sind über 45 Jahre jung, Ihre Kinder können das besser.

Ihre Reputation ist astrein: Wenn Sie sich selbst googeln finden Sie … nichts!

# Achtung, jetzt macht es „pieks"!

**SIE SIND GOOGLE!** Sie können lesen und haben offensichtlich doch Verstand. Das ist mindestens so furchterregend wie die Tatsache, dass Sie ein Monopol betreiben, dessen Ausgeburten weniger ausgefuchste Internet-Täter mit „Wahrheit" und „Relevanz" verwechseln. Sie nennen das „Algorithmus" und halten ihn geheim. Das sichert Ihre Herrschaft über das Reputations-Monopol. Falls Sie nicht Google sind, dürfte Ihre Reputation aus „Nichts" bestehen. Die schlechte Nachricht: „Nichts" ist im Web das Gegenteil von „weißer Weste", es ist Synonym für „nicht existent" – auch im realen Leben.

# 1—3

**SIE SIND, WAS SIE SCHEINEN –** im echten Leben und in der Internet-Welt. Bevor Sie auf die Idee kommen, sich bei weiteren Netzwerken anzumelden, die als der „nächste heiße Sch…" gehypt werden, Ihnen aber in Wirklichkeit nur Zeit und Privatsphäre stehlen, halten Sie ein! Denken Sie daran: So viele Links passen auf keine Visitenkarte. Und so eine haben Sie doch, oder? Falls dort „Social Media-Guru" oder „Internet-Evangelist" draufsteht, sparen Sie sich das Geld für den Nachdruck. Investieren Sie lieber Zeit (= Geld) in einen Gratis-Vortrag für Menschen, denen Ihre Medienkompetenz offensichtlich fehlt, z.B. Schüler, Lehrer, Politiker und ihre (Ex-)Parnter.

# 4—9

**BETTINA …?** Bevor Sie Ihre Online-Reputation weiter durch blinden Aktionismus und fehlinterpretierten Internet-Segen ruinieren, sollten Sie Offline-Zeit investieren, Ihren kritischen Menschenverstand anwerfen, Ihre Ich-Marke sanieren und neu positionieren. Sie sind gar keine Marke, sondern nur einfacher Otto-Normal-User? Sehen Sie, genau das ist Ihr Denkfehler. Aber den beheben wir gleich. Lesen Sie weiter.

# ERSTE HILFE

# BLITZ-THERAPIE*

\* in Einzeller-kompatiblen Schritten

# KURZE BEINE KANN JEDER SEHEN

**IHRE REPUTATION STEIGT UND SINKT** mit den Ergebnissen, die Google anzeigt, sobald Sie Ihren Namen eingegeben haben. Hier wirken zwei Webgesetze: natürliches Pech und eigene Dummheit.

**NATÜRLICHES PECH IST,** wenn ein Namensvetter vor Ihnen alle „Ihr Name"-Webadressen und -Accounts reserviert hat. Die Folge? Der Namensvetter erscheint bei Google ganz oben. Wer Sie nicht kennt, könnte glauben, es handle sich um Sie. Was sich im Fall von „natürlichem Pech" lesen kann wie „Ihr Name: Tantramassage für Sie und Ihn – ALLES inklusive". **EIGENE DUMMHEIT IST,** wenn Sie Ihr Internet-Ich selbst beschädigt haben: durch inkontinente Veröffentlichungen, durch fehlende Präsenz qua Abstinenz. Oder Sie haben zu dick aufgetragen: Lügen haben kurze Beine und bei Google kann die jeder sehen. Was tun?

— **REPUTATIONS-RADAR AKTIVIEREN:** Aktivieren Sie google.com/alerts für Ihren Namen. Google informiert Sie dann automatisch*, sobald ein Inhalt mit Ihrem Namen indiziert wird. Bei rufschädigenden Ergebnissen: support.google.com. Hier können Sie das Löschen beantragen, vorausgesetzt: der Inhalt wurde auf der indizierten Seite bereits entfernt und Sie sind der Seitenbetreiber. Trifft beides nicht zu: An den Betreiber wenden und darum bitten, dass er den Inhalt löscht.

— **REPUTATION KAUFEN:** Auch das geht bei Google, Mörder- und Bestatter-Geschäftsmodell par excellence. Buchen Sie „AdWords". Dann werden Sie in den Kleinanzeigen gefunden. Da diese über und neben den „normalen" Suchergebnissen angezeigt werden, halten sie viele hirnblonde User für noch „relevanter" und klicken. Das kostet Sie Geld, aber weniger als ein schlechter Ruf.

— **EXPERTEN ENGAGIEREN:** SEO**-Profis optimieren Ihre Internet-Präsenz(en) so, dass sie gut bei Google gefunden werden. SEM**-Profis unterstützen Sie bei Google-Kleinanzeigen. **WARNHINWEIS:** Der „Experten"-Markt besteht zur Hälfte aus Halsabschneidern. Bevor Sie investieren: Referenzen kritisch hinterfragen.

---

\* Wie bei allen Google-Produkten kostet das nichts, „nur" ein weiteres Stück Privatsphäre und Datenschutz. In diesem Fall eine Anmeldung bei Gmail, dem E-Mail-Dienst von Google.
\*\* SEO steht für „Search Engine Optimization", Suchmaschinenoptimierung. SEM für „Search Engine Marketing", Suchmaschinenmarketing.

# 2

# KOCHEN SIE NICHT MIT WASSER

**WORDPRESS, BLOGGER, TUMBLR, XING,** LinkedIn, Facebook, Google+, YouTube, Twitter, Instagram, Vimeo, Foursquare, Flickr, Pinterest, Slideshare, Klout… – stopp! Wo muss Ihr Internet-Ich präsent sein, damit es als starke Ich-Marke für Ihre Reputation arbeitet? Antwort: Nur dort, wo es sich rentiert. Alles andere ist schlechter als nichts.

**WATER, WATER – EVERYWHERE.** Das Internet ist eine Flut. Täglich branden neue Wellen in Ihre Posteingänge. Kaum haben Sie verstanden, wie Twitter funktioniert, erhalten Sie eine Anfrage für Pinterest. Sie melden sich an und sehen: Bilder. Sie verstehen, dass Bilder schön zum Ansehen, inspirierend für Kreativschaffende und eine Wissensquelle für Berater sind. Sie hingegen gehen einem anständigen Broterwerb nach. Was bringt Ihnen Pinterest? Kaufanreize. Was müssen Sie investieren? Zeit und Geld. Kosten-Nutzen-Rechnung: Wenn es sich dabei um Ihre Arbeitszeit handelt, zahlen Sie drauf – in Form von Überstunden und der Notwendigkeit einer Gehaltserhöhung (Kaufanreize), die in weite Ferne rückt, wenn Sie Ihre Produktivität weiterhin mit Sinnlos-Surfen vergeuden.

**RAUS AUS DEM TEUFELSKREIS.** Nur, weil andere Pisa-Opfer auf jeder Trendwelle surfen und Sie mit Einladungen fluten, um zu zeigen, wie „Avantgarde" sie selbst sind, brauchen Sie nicht mitzuschwimmen. Das stiehlt nur Zeit und schadet Ihrer Reputation.

**FOLGEN SIE NICHT DEN LEMMINGEN.** Folgen Sie Ihrem Verstand. Melden Sie sich nie wieder bei einer Beta-Version an. Es sei denn, es handelt sich um das Konkurrenz-Produkt eines Mitbewerbers. Lassen Sie andere testen, ob aus „Beta" ein „Alpha" werden kann.

**WELCHE INTERNET-PRÄSENZEN BIETEN** Ihnen messbaren Nutzen im Sinne von Zeit, Geld, Karriere, Information, Wissen oder Frohsinn? Wie wichtig ist eine eigene Webseite für Sie? Bringt es Ihnen etwas, der 17.388ste Hobby-Blogger von Google-Ergebnisseite 109 zu werden? Was investieren Sie an Zeit und Geld? Was erhoffen Sie sich? Was haben Sie in Realität davon? Rechnet sich das? Machen Sie eine Kosten-Nutzen-Rechnung, bevor Sie im Web aktiv werden.

# 3

# WERDEN SIE WEB-ÖKO

**BETRACHTEN SIE DAS WEB ALS ÖKO-SYSTEM.** Ihre Online-Reputation gedeiht darin am besten, wenn Sie es ökonomisch ausbeuten und Inhalte, die Ihre Ich-Marke stärken, ökologisch verbreiten.

**WAS HÖRT DER MENSCH AM LIEBSTEN?** Den eigenen Namen! Was ist im Web erfolgsentscheidend für Ihre Reputation? Ihr Name – den suchen Fremde, und Ihr Spitzname – den suchen Freunde. Ihr Name bietet Potenzial, um Suchmaschinen auszutricksen – eine Garantie gibt es nicht. Sobald die Giganten ihre Algorithmen zum 1.001sten Mal ändern, ändert sich womöglich alles. Zwei Wege: Es gibt Menschen, die werden im Berufskontext nur mit „Vorname Anfangsbuchstabe-Zweitname Nachname" aktiv und registrieren sich als „Max M. Mustermann". Im Privatkontext melden sie sich nur mit „Spitzname" oder „Spitzname Nachname leicht adaptiert" an: „Mutzimaxi Muster Man". Feiglinge, Stalker und Trolle* melden sich nur mit Pseudonymen an – das ist kein Tipp, sondern eine Untugend.

**BAUEN SIE EIN ÖKO-SYSTEM RUND UM IHREN NAMEN:** Auch wenn Sie nach eingehender Kosten-Nutzen-Rechnung überzeugt sind, dass sich eine Webseite oder ein Blog für Sie nicht rentieren, sichern Sie sich dennoch die wichtigsten** Web-Adressen und Accounts für Ihren Namen. Warum? Weil das Ihre stärkste Reputationswaffe hinsichtlich Suchmaschinen sein kann. Und nun? Installieren Sie ein kostenloses Blog-System oder kaufen Sie einen Homepage-Baukasten bei einem Provider. Befüllen Sie mindestens die Startseite mit reputationsstärkenden Fakten zu Ihrer Person – Fokus auf Ihre Kompetenz, nicht auf Privates. Denken Sie dabei an Suchbegriffe, die andere eingeben, wenn sie Sie finden wollen bzw. sollen. Dann fügen Sie noch Links zu Ihren weiteren Web-Profilen (Xing etc.) hinzu und ein professionelles Foto. Wichtig für die Suchroboter: Benennen Sie die Bilddatei mit Ihrem Namen! **TIPP:** Falls Ihnen das zu viel Aufwand ist und Sie kein Start-up-Risiko scheuen (heute top, morgen tot), befüllen Sie als Einstieg in Ihr Öko-System eine Webvisitenkarte bei Gratis-Anbietern wie about.me, flavours.me oder jux.com.

---

\* Ein „Internet-Troll" tritt immer unter einem oder mehreren Pseudonymen auf. Sein Ziel? Die Kommunikation zu stören. Seine Kommentare provozieren, beleidigen und schüren Streit. Sympathisch, oder?
\*\* .com oder die Ihres Landes, also .de, .at oder .ch. Zweite Wahl sind .net, .org, .info, .biz, .eu, .name. Die Bewertung von Domains in der Suchmaschinen-Hierarchie unterliegt nur einer Konstanten: der Veränderung.

# 4

# KLONEN WIRD SICH LOHNEN

**INTERNET-SEGEN IST:** Es gibt fast nichts, was es nicht gibt. Fixfertig. Gratis in den meisten Fällen. Der Fluch ist: Es gibt so vieles, dass die Wahl eine Qual ist, die zu viel Lebenszeit kostet.

**IHR WEG ZU WEBSEITE UND BLOG:** Als Firma oder Selbstständiger brauchen Sie eine Webseite. Der effizienteste Weg führt über eine Blog-Software. Das heißt nicht, dass Sie Blogger werden müssen. Es heißt nur, dass Sie die Technologie ausbeuten. Welche Software wählen Sie? Eine Abkürzung:

— **OPEN SOURCE-SYSTEME** wie <u>wordpress.com</u>* können inzwischen genauso viel wie Redaktionssysteme, die ein Jahresgehalt kosten.

— **WENN SIE KEINEN HOCHSICHERHEITSTRAKT,** sondern eine zeitgemäße Webseite brauchen, setzen Sie auf Wordpress. Falls Sie einen Web-Shop betreiben möchten: <u>jimdo.com</u>. Wenn es stylish sein soll und englisch sein darf: <u>squarespace.com</u>. Klein und fein? <u>posterous.com</u> oder <u>tumblr.com</u> sind eine gute Alternative zu den 0815-Homepage-Baukästen der Provider. **WARNHINWEIS:** Handgestrickte Redaktionssysteme versprechen viel, halten aber nur solange, wie es kundige Programmierer gibt. Ausfallsichere Programmierer sind Mangelware. Sobald sie in verständlichen Sätzen sprechen, pünktlich und fehlerfrei liefern, werden sie weiterempfohlen. Einige** werden daraufhin gierig, überarbeiten sich und verschwinden. Für immer. Mit Ihrem Code.

— **DESIGN-BAUKASTEN FÜR 30 EURO:** Der günstigste Weg zur Profi-Optik heißt „Themes". Diese Grafikvorlagen kosten wenig Geld, aber viel Recherchezeit, weil es Tausende gibt. Eine Abkürzung: <u>organicthemes.com</u>, <u>themeforest.net</u>, <u>graphicriver.net</u>.

— **SELBERMACHEN?** Für die Installation von Blog und Theme brauchen Sie einfache Programmier-Kenntnisse, die Sie auf YouTube erwerben können. Oder Sie heuern einen Programmierer an, der Ihre Sonderwünsche erfüllt. Wie finden Sie den? Durch Weiterempfehlung oder im Impressum von Seiten, die Sie überzeugen. Wer garantiert für Ihre Unabhängigkeit von Programmierer-Unzulänglichkeiten? Die Open Source-Systeme.

*   Das ist keine Werbung, sondern eine Erkenntnis der Autorin nach über 250 Webseiten-Geburten.
**  Einige sind nicht alle und Ausnahmen bestätigen die Regel. Leider sind „einige" in diesem Fall die Mehrheit in der Webseiten-Geburtenvergangenheit der Autorin. Sind Sie die Ausnahme? Bevor Sie sich aufregen, beweisen Sie Ihr Können und lassen Sie sich weiterempfehlen. Wie? Kreuzigen Sie Anitra Eggler via Xing.

# 5

# TUNEN SIE IHRE HOMEBASE

**EINE WEBSEITE ODER WEBVISITENKARTE** ist die Homebase des Öko-Systems, in dem Ihr Internet-Ich lebt und für Sie arbeitet. Investieren Sie klug in die Inneneinrichtung. Das zahlt sich aus.

**FALLS SIE SICH JETZT NOCH DIE FRAGE STELLEN:** „Warum brauche ich eine eigene Webseite? Ich bin doch auf Facebook, da steht doch alles!" Antwort: Wem gehören Ihre Daten auf Facebook? Na…? Falls Sie Privatier sind, kann das reichen. Wenn Sie eine Firma haben oder vertreten, erliegen Sie bitte nicht der Versuchung, Ihr Marken-Ich komplett an Soziale Netzwerke auszulagern. Sobald diese ihre Allgemeinen Geschäftsbedingungen ändern oder das Angebot kostenpflichtig wird, ruinieren Sie im Zweifelsfall Ihre Investition und Ihre Reputation. Deshalb brauchen Sie eine eigene Homebase. Diese können Sie nach Herzenslust mit Angeboten von Drittanbietern ausstatten. Das Motto: aggregieren statt programmieren. Hier ein paar Einrichtungsgegenstände* der Kategorie „wenig bis kein Geld, wenig Zeitaufwand und so etabliert, dass man davon ausgehen kann, dass das Angebot die nächsten zwei Jahre überlebt" – das ist in Internet-Innovationsgeschwindigkeit eine Ewigkeit. Beruhigt?

— **SHOP:** Heikles Thema, es geht um Ihr Geld. Deutsche Anbieter: jimdo.com oder shopware.de, Start-up-Alternativen: shopify.com, zen-cart.com.

— **NEWSLETTER, FLYER:** mailchimp.com – einfach, potent, stylish.

— **INTERAKTIVE KATALOGE, PRÄSENTATIONEN, BROSCHÜREN:** issuu.com, scribd.com, slideshare.net – verwandeln PDFs, Powerpoints und Bilder in „Magazine" zum Durchblättern.

— **ZEITUNGSMACHER:** paper.li – erstellt eine Online-Zeitung aus von Ihnen ausgewählten Internet-Inhalten. Wichtig: Klasse statt Masse wählen, nur dann arbeitet dieses Gratis-Tool für Ihren Ruf.

— **ERFOLGSMESSUNG:** google.com/analytics/ – alle Klick-Daten Ihrer Webseite (fast) in Echtzeit. Gratis – zum Preis Ihrer Daten.

— **MITBEWERBSVERGLEICH:** marketing.grader.com vergleicht Ihre Webseite mit anderen und liefert Optimierungstipps.

---

* Der Fluch der unendlichen Wahlmöglichkeiten im Web ist der Zeitverlust, den die Recherche fordert. Deshalb finden Sie hier eine Auswahl, der Sie vertrauen können, wenn Sie möchten. Gleichzeitig entbehrt diese Liste jeglicher Vollständigkeit und dem fundierten Vergleich. Wenn Sie den suchen, googeln Sie die genannten Anbieter mit Suchanfragen wie „Alternative zu ‚Anbieter-Name'" oder „Vorteile Nachteile ‚Anbieter-Name'".

# ... UND ES HAT ✗ING GEMACHT!

**GEDANKEN-SHITSTORM VOR DEM VERFASSEN EINER KONTAKTANFRAGE VIA XING:**

*Mein Produkt ist so unnötig wie Erektionsprobleme. Aber, wo ich nun schon mal meine Seele verkauft habe, um meine zwei eigenen und die drei Patchwork-Kinder zu bespaßen, muss ich es verchecken. Auf Teufel komm raus. Na sowas, da ist er schon! Seit ich diesen unglaublich tastaturöffnenden Social Media-Vortrag zum Thema: „Märkte sind Gespräche – es passiert auch ohne Sie!" gehört habe, habe ich verstanden, welch hammerharte Vertriebspower in Sozialen Netzwerken steckt. Weil ich zu feige bin für die Kaltakquise am Telefon, werde ich Sie jetzt ganz zeitgemäß via Xing kreuzigen. Ich bin Profi, ich kontaktiere nicht irgendwen. Streuverluste, das ist doch analoger Werbekram. Nein, nein, nein: Ich habe recherchiert, und ich weiß jetzt schon, Sie werden mich so dringend brauchen wie – na ja, wie Erektionsprobleme! Da stimmt doch was nicht. Egal. Es passiert ja sonst auch ohne mich. Deshalb schnell zur Tat, ran an die Tastatur!*

**NACHRICHT ZUR KONTAKTANFRAGE VIA XING:**

 ● **Dr. No ❯**　　　　　　　　　　　　　　　🔲⁺　✕　**Mehr** ⌄

15.01.2013, 22:56

Hallo Anita Eggla *(sorry, ich schreibe so vielen Unbekannten, dass mein Kurz-zeitgedächtnis digital dement ist – aber sind wir das nicht alle?).* Ich wünsche Ihnen einen produktiven und erfolgreichen Tag *(Freundlichkeit öffnet Türen – das braucht jeder Business-Kasper, vom Nacktmull bis zum Vorstandsvorsitzenden)!*
Ich habe gesehen, dass Sie auch ein Mensch sind und – jetzt halten Sie sich fest – wir sind im selben Netzwerk aktiv! Und da denke ich mir, wenn so viele Zufälle zusammenkommen, dann ist Zufall gelenkte Notwendigkeit. Deshalb sollten wir das Gebot des Zeitgeists ergreifen und das tun, wofür wir hier sind: netzwerken! Ich freue mich über Ihre Kontaktbestätigung und den zu erwartenden Gangbang unserer Synergien. Ganz sicher ergeben sich in Zukunft ein paar spannende Projekte!

Netzwerkende Grüße,

Dr. No

PS: Haben Sie schon mal über die Notwendigkeit von Erektionsproblemen nachgedacht? Lassen Sie sich überraschen …

*(OMG! Habe ich das wirklich geschrieben? In der PS-Zeile?!? Zu spät …)*

# GEHEN SIE AUF KARRIERE-KREUZZUG

**DIE VISITENKARTE VON HEUTE HEISST XING.** Wenn Sie international arbeiten oder das gerne täten, dann lohnt sich auch ein Profil auf LinkedIn – aber nur dann und nur auf Englisch. Wie nutzen Sie die Business-Netzwerke richtig? So.

**WENN SIE BERUFSTÄTIG SIND,** ist ein Xing-Profil oft so notwendig wie Ihre Sozialversicherung. Ausnahmen: Sie haben bereits Karriere gemacht, weil Sie Ihr Geld mit ehrlicher Handarbeit verdienen. Alternative: Vor lauter Vorstandsmandaten wissen Sie nicht, wohin mit Ihrer Unterbeschäftigung und dem vielen Geld. Für alle anderen gilt: Xing ist Pflicht. LinkedIn ist eine Option für alle, die international arbeiten oder sich danach verzehren. In diesem Fall muss Ihr Profil in Englisch verfasst und Ihr Englisch karrierefördernd sein. Und was ist mit Klout*? Sofort vergessen!

**SO PROFILIEREN SIE SICH IM BUSINESS-NETZWERK:**
— **TEXT-SPAGAT:** Ihr Profil muss Suchbegriffe enthalten, die Personal-leiter und -berater, Kunden und Käufer eingeben, wenn Sie etwas suchen, das Sie zu bieten haben. Plus: Es muss so individuell sein, dass Sie sich aus der Masse abheben, die „kreativ, stressresistent und mobil" ist. **TIPP:** Liefern Sie der Suchmaschine unkreatives, sehr berechnendes Suchwort-Futter. Die Restzeilen nutzen Sie dann für Worte, die so einzigartig sind wie Sie.
— **BEWEGTBILD-KÜR:** Ihr Profilbild ist Ihr Pressefoto. Wenn man es nicht in einer Zeitung drucken kann, haben Sie das Falsche gewählt. Wichtig: Was sieht ein Fremder in Ihren Augen? Ein Fragezeichen, Sinnsuche, Verklärung, Schlafmangel? Falsches Bild. Sie brauchen: Augenbling – Strahlen, Energie, Freude. Den Rest heben Sie sich für Ihre Todesanzeige auf. Mehr als jedes Bild sagt ein Video: Setzen Sie sich frisch geduscht und gut gelaunt vor Ihre Webcam und erzählen Sie binnen 120 Sekunden, wer Sie sind und was Sie ausmacht. **TIPP:** Falls Sie ungeübt im freien Sprechen sind, nehmen Sie den Text vorher auf und stecken sich bei der Aufnahme (unauffällig!) einen Kopfhörer ins Ohr.

* Klout.com gibt vor, Ihre Online-Reputation zu messen. Der Preis, den Sie zahlen, wenn Ihr Ego-Trieb größer ist als Ihr Verstand, sind Ihre allerheiligsten Daten. Damit Klout Ihre „Wichtigkeit" messen kann, müssen Sie so viele Internet-Konten wie möglich mit Klout verknüpfen. Wer das tut, muss blind und blöd sein – und erfolglos werden. In eine ähnliche Kategorie fällt „Branchout", ein Karriere-Netzwerk auf Facebook. Brauchen Sie nicht.

# 7

# JEDES PLUS HAT EIN MINUS

**FACEBOOK ODER GOOGLE+?** Facebook und Google+? Überlegen Sie gut, was Ihrer Ich-Marke echten Nutzen spendet. Wenn Sie ein gutes Google-Ranking brauchen, dann – und das ist die schlechte Nachricht – brauchen Sie beides und werden Ihr eigener Doppelgänger.

**WER ÜBERALL IST, IST NIRGENDS MEHR RICHTIG.** „Richtig" ist wichtig für Ihre Online-Reputation. Ein paar strategische Tipps:

**FACEBOOK: MARKETING-TURBO UND REPUTATIONS-KILLER**

— Facebook ist an Reichweite und Pseudo-Empathie nicht zu überbieten. Klug eingesetzt ein Muss für (Selbst-)Marketiers.

— Erfolgsentscheidend: Strategie, Redaktionsplan und Zeit, um Inhalte zu teilen, die Sender und Empfänger für die investierte Arbeit bzw. Aufmerksamkeit entlohnen. Wenn Sie Facebook privat nutzen, schalten Sie alle Einstellungen auf maximale Intimität und seien Sie sich dennoch bewusst, dass Sie öffentlich agieren und Ihre Daten gespeichert werden (Seite 106 ff.).

— Facebook ist DAS Instrument, um Ihrem Blog oder Ihrer Webseite Klicks zu bringen. Nutzen Sie Facebook als „Traffic-Bringer".

**GOOGLE+: GOOGLE-BOOSTER, INZUCHT-ZIELGRUPPE, KLEINE REICHWEITE**

— Das ist nur ein Zufall, aber Zufall ist gelenkte Notwendigkeit: Google indiziert eigene Angebote höher in den Suchergebnissen als die anderer Anbieter. Das heißt: Wenn Sie auf Google+ posten, wird dieses Posting in den meisten Fällen in den Google-Suchergebnissen höher gelistet als ein Facebook-Posting. Dasselbe gilt für YouTube, Picasa und Blogger – sie gehören Google. Vimeo, Flickr und Wordpress nicht.

— Der Nachteil? Mit jedem Google-Account werden Sie transparenter und das Google-Monopol stärker. Ein Teufelskreis.

— Google+ kann Facebook hinsichtlich Reichweite nicht annähernd das Wasser reichen\*. Wenn Sie Massen erreichen möchten, ist Facebook erste Wahl. Wenn Sie mit Facebook-Gegnern aus der Android-Fraktion, mit ITlern, Social Media-„Gurus" und der restlichen Internet-Posse kommunizieren möchten und ein gutes Suchmaschinen-Ranking brauchen, dann ist Google+ eine Zusatzwaffe für Ihre Reputation, kein Hauptdarsteller.

---

\* Laut dem US-amerikanischen Meinungsforscher Comscore hatte Facebook im vierten Quartal 2012 knapp 40 Millionen Nutzer in Deutschland, Österreich und der Schweiz, Google+ knapp vier Millionen.

# 8

# MIT TWITTER ZUM ZWITTER

**AN TWITTER SCHEIDEN SICH DIE GEISTER.** Als Kommunikationskanal stärkt Twitter Ihre Reputation nur, wenn Sie viel zu sagen haben und dafür wenig Worte brauchen.

**WER HAT AUF TWITTER VIEL ZU SAGEN?** Da wäre einmal die Hardcore-Web-Fraktion: ITler, Berater, Blogger, Nerds, Werber, PR-Profis, selbst ernannte Gurus und haufenweise Internet-Experten. Wer noch? Journalisten, die Nachrichten recherchieren und weitergeben. Medien, die Twitter als Klickbringer nutzen. Pressesprecher von Unternehmen, die die Journalisten erreichen wollen. Politiker im Wahlkampf bzw. ihre Praktikanten, die dort nur zu Wahlkampfzeiten posten, weil ihnen ein „Experte" ein Obama-Wunder versprochen hat, wenn sie auf Twitter Journalisten, Medien und Wähler aus der Hardcore-Web-Fraktion beglücken. Unternehmen, deren Produkt- und Leistungsqualität so wankelmütig ist, dass Echtzeit-Kundenservice von der Tugend zur Not wird. Und? Promis! Die zwitschern bei Klo- und Weltuntergang, spannend, oder?

**HABEN SIE AUCH „SO VIEL" ZU SAGEN?** Bei Ihrer Kosten-Nutzen-Rechnung sollten Sie berücksichtigen, dass Twitter eine hohe Nachrichtenfrequenz fordert und diese sehr viel Zeit kostet. Falls Sie Twitter jetzt immer noch für Ihre Online-Reputation brauchen, haben Sie zwei Möglichkeiten: Sie nutzen Twitter als Klickbringer und posten dort dasselbe wie auf Facebook & Co. – damit werden Sie zum Zwitter. Oder: Sie investieren Zeit und Hirn, um die oben erwähnten Multiplikatoren mit qualitativen Inhalten zu begeistern*.

**ALTERNATIVE?** Nutzen Sie Twitter als persönliche Nachrichtenzentrale. Eine Auswahlhilfe bieten die Influencer-Listen der Münchner PR-Agentur talk@bout. Starten Sie hier: talkabout.de/twitter/medien/. **TIPP:** Apps wie taptu.com, zite.com oder flipboard.com verwandeln die Internet-Nachrichtenflut in formschöne, individuelle digitale Magazine. Das spart Zeit und bringt Lesespaß.

* Zusatz-Tipp: Verfolgen Sie nur die Twitter-Nutzer, die Inhalte veröffentlichen, die Sie wirklich interessieren. Ignorieren Sie ein ungeschriebenes Gesetz, das da lautet: „Verfolge mich, ich verfolge dich!".

# 9

# BESSER WISSEN MACHT BESSER

**ES GIBT NETZWERKE, DIE STEIGERN** Ihre Reputation alleine dadurch, dass Sie sich bei ihnen anmelden. Welche Netzwerke sind das? Alle, die den Fokus auf das Teilen von Expertenwissen legen.

**DAS TEILEN VON WISSEN GALT JAHRHUNDERTELANG** als Kapitalverbrechen an der Geschäftstüchtigkeit. Vortragsfolien verschenken? Quellen preisgeben? Anderen Abkürzungen zeigen und sie gratis aufschlauen? Das gilt in einigen Großunternehmen heute noch als Synonym für Karriere-Suizid. Im Internet kann Wissen teilen ein Turbo für Ihre Reputation sein. Das betrifft alles, was Sie posten und verbreiten. Nie vergessen: Seiten, auf die Sie verlinken oder die Sie auf Facebook mit einem „Like" belohnen, können mehr über Ihre Kompetenz aussagen als Sie sich wünschen. Dasselbe gilt für Gruppen, denen Sie in Karriere-Netzwerken beitreten. Auch hier gilt: Qualität vor Quantität. In punkto Qualität können Sie einen Zusatz-Turbo schalten: Melden Sie sich bei Netzwerken an, die eine gute Reputation haben, weil Experten dort Ihr Wissen teilen – in dem Wissen, dass Geben das neue Nehmen ist.

**BEREICHERN SIE SICH UND ANDERE IN FOLGENDEN NETZWERKEN:**
— **SLIDESHARE.NET:** Die Oase für Präsentationen, Studien und Wettbewerbsanalysen. Top Recherche- und Wissensquelle.
— **TED.COM:** Die Video-Plattform des Konferenzformats ist eine wertvolle Wissens- und Inspirationsquelle. In der Community treffen Sie Vor- und Querdenker aus aller Welt.
— **SCRIBD.COM, ISSUU.COM:** Hier können Sie Ihr Wissen in Magazinform veröffentlichen und in den Magazinen anderer schmökern.
— **PINTEREST.COM:** Je nach Fach- und Interessensgebiet kann das angesagte Foto-Netzwerk eine inspirierende Wissensquelle sein.
— **YOUTUBE.COM:** Abonnieren Sie die Kanäle von Elite-Universitäten (Stanford, Harvard, MIT & Co.) und von Experten. Favorisieren Sie Ihre Lieblingsvideos in Playlists in Ihrem eigenen Kanal.
— **XING UND LINKEDIN:** Profilieren Sie sich in Fach-Gruppen oder gründen Sie eigene. Wichtig: Inhalt geht vor Marketing-Interesse.

# 10

# GEBEN IST NEHMEN

**NETZWERKEN STEIGERT IHRE REPUTATION.** Kontakte sammeln nicht. Menschen sind Menschen – wenn Sie sie so behandeln, machen Sie alles richtig, was viele falsch machen.

**WENN SIE EINEM MENSCHEN ETWAS SCHENKEN,** erzählen Sie ihm dann davor, wie toll Sie sind und über welche Geschenke Sie sich im Gegenzug freuen würden? Hoffentlich nicht. Sie handeln im Wissen, dass Sie etwas geben, was dem anderen Freude bereitet. Gesetz des Universums: „What you give is what you get". Für Ihre Reputation heißt das: Geben ist das neue Nehmen.

**GENAU SO FUNKTIONIERT NETZWERKEN:** Sie haben etwas, was andere brauchen – ein Produkt, ein Angebot, eine Leistung, spezielles Wissen, eine Idee oder eine Freude. Verwechseln Sie „Netzwerken" nicht mit „Kaltakquise". Niemand ist in einem Netzwerk aktiv, weil er ein Marketing-Ziel sein will. Aber alle wollen profitieren. Von den anderen. Wem haben Sie etwas zu geben? Wer kann Ihnen etwas geben? Wählen Sie klug und kontaktieren Sie Menschen nicht einfach nur, weil sie da sind und die Technik es möglich macht.

**WER GIBT, DEM WIRD GEGEBEN:** Wie gehen Sie vor? Gezielt. Ohne Floskeln, die kosten Zeit und sind unpersönlich. Schreiben Sie, wie Sie sprechen würden und sagen Sie die Wahrheit: Wenn Sie etwas verkaufen, Mitbewerber abwerben, neue Kontakte kennenlernen oder ein Produkt vorstellen möchten – dann, um Gottes Willen, schreiben Sie das in klaren Sätzen in Ihrer Kontaktanfrage! Aber bitte behelligen Sie niemanden damit, dass Sie nicht wissen, warum Sie den anderen kontaktieren, weil Sie sich keine Gedanken darüber gemacht haben, wie er von Ihnen profitieren kann. Was haben Sie zu bieten, was den anderen weiterbringt? Warum steigert Ihr Angebot den Erfolg des anderen? Warum soll er Zeit in Sie investieren? Diese Fragen müssen Sie ehrlich und auf dem kürzesten Weg beantworten. Das stärkt Ihr Netzwerk und Ihre Reputation. Plus: Empfehlen Sie gute Kontakte und die Kompetenz Ihrer Netzwerkpartner weiter.

# 10 Therapie-Gebote für Firmen

Menschen müssen Ihr Internet-Ich wie eine Marke führen. Firmen und Marken müssen mit gutem Beispiel vorangehen. Zehn strategische Mantras für die Gruppen-Therapie.

## 1

**DABEISEIN IST KEINE STRATEGIE.**

Dabeisein, nur um dabei zu sein, ist Geldverbrennung. Es geht zwar schnell und kostet wenig, aber im Zweifelsfall zahlen Sie richtig drauf: mit Ihrem guten Ruf. Jeder Kanal Ihres digitalen Öko-Systems braucht eine Strategie: Kommunikationsziele, ein Inhalts- und Interaktionskonzept, Workflows, Key Performance Indicators und Tools, um den Erfolg zu messen und zu optimieren.

## 2

**PERPETUAL BETA IST DAS NEUE FERTIG.**

Freunden Sie sich damit an, dass Ihre Internet-Reputation Synonym für „perpetual beta" ist. Sie können sie nicht planen, sie wird von Usern und Algorithmen getrieben. Investieren Sie in Monitoring-Software und nehmen Sie Arbeitgeber-Bewertungsplattformen wie kununu.com aufs Radar. Erwarten Sie nicht zu viel – aber erwarten Sie, dass Sie viel lernen und lernen Sie zu optimieren.

**3** **OHNE MEHRWERT, KEIN MEHRWERT.**

Für User gibt es nur einen Grund, Sie wahrzunehmen und in Folge weiterzuempfehlen: Sie übertreffen die Erwartung Ihrer Zielgruppe und bieten mehr. Mehr Unterhaltung, mehr Service, mehr Information. Was immer dieses „Mehr" ist – fehlt es, wird Ihnen der Erfolg fehlen. Und wie kommen Sie jetzt zu diesem „Mehr"? Augen auf, beobachten, zuhören, Hirn an und von den Besten lernen.

**4** **BESSER NACHMACHEN ALS NEU MACHEN.**

Wenn Sie das richtig machen, was andere richtig machen, können Sie nichts falsch, sondern alles noch besser machen. Verabschieden Sie sich von der Idee, das Internet-Rad neu zu erfinden. Das kostet Geld – lassen Sie lieber andere investieren. Sie fahren am besten, wenn Sie die Web-Welten der Top-100 Brands (interbrand.com, allfacebook.com, socialbakers.com) besuchen, deren Konzepte analysieren und aus „best practice" „better practice" machen.

**5** **AGGREGIEREN STATT PRODUZIEREN.**

Sobald Ihre Strategie steht und Sie Mehrwert-Konzepte für die digitalen Kanäle definiert haben, in denen Ihre Zielgruppe und Ihre Marketing-Wertschöpfung anzutreffen ist, gehen Sie auf Open Source-Beutezug. Lassen Sie erst dann etwas neu programmieren, wenn Sie ganz sicher sind, dass es im Web keine fixfertige Lösung gibt, die Sie einfach integrieren können. Nehmen Sie Ihre Dienstleister in die Pflicht: Klonen ist effizienter, meist suchmaschinenoptimierter, besser getestet und ausfallsicherer.

**6** **PLAUDERN STATT WERBEN.**

Ihre Internet-Reputation lebt vom Dialog. Das gilt für Google-Kleinanzeigen ebenso wie für die Inhalte Ihrer Webseite oder die

Redaktion Ihrer Facebook-Seite. Bevor Sie starten, stimmen Sie Ihre „Social Voice". Wie klingt die Stimme Ihrer Marke im Web? Welche charakteristischen Eigenschaften hat sie? Ist sie per Sie oder per Du? Was sagt diese Stimme und was sagt sie garantiert nicht? Nehmen Sie sich Zeit für diese Arbeit und überlassen Sie sie erfahrenen Markenführern, nicht den Facebook-Checker-Praktikanten.

## 7 DANKEN STATT ZANKEN.

Ihre Internet-Reputation steht und fällt mit dem Zuspruch Ihrer Fans und Feinde. Wird nicht über Sie gesprochen, ist das genauso schlecht, wie wenn schlecht über Sie gesprochen wird. Doch in „schlecht" steckt eine große Chance. Wenn Sie Internet-Nutzer so sehr bewegen, dass Sie kritisiert werden, haben Sie die Chance, Kritik in Wettbewerbsvorteile zu verwandeln. Wie das geht? Ganz einfach: Ruhig bleiben, auch wenn der Scheißsturm* bläst. Kritik ernst nehmen, Entgleisungen akzeptieren, auch wenn es schwer fällt. Niemals in Rage argumentieren, immer sachlich bleiben und so cool, dass man ein Bier auf Ihnen kaltstellen könnte. Und dann? Verstand einsetzen, reagieren, lernen, besser werden.

## 8 GRATIS IST PREMIUM.

Wer gibt, dem wird gegeben: Verschenken Sie alle Karotten, die Sie haben. Teilen Sie Ihr Wissen, seien Sie großzügig bei Reklamationen, geben Sie immer mehr als von Ihnen erwartet wird. Je mehr Sie geben, desto mehr werden Sie zurückbekommen. Machen Sie Ihre Großzügigkeit deutlich, vermeiden Sie zu hohe Konsumations-Hürden (Registrierung etc.), es sei denn, es geht um echte Trüffel, die Ihren Usern geldwerte Begehrlichkeiten im großen Stil bieten.

* Der Duden definiert einen Shitstorm als „Sturm der Entrüstung in einem Kommunikationsmedium des Internets, der zum Teil mit beleidigenden Äußerungen einhergeht."

## 9

### ES KOMMT DOCH AUF DIE GRÖSSE AN.

„Digital" ist der messbarste Marketing- und Kommunikationskanal. Nutzen Sie alles, was Sie zur Verfügung haben (Web-Analytics, Social Media-Monitoring, Ad-Server ...) und analysieren Sie alle Daten, die Auskunft über Ihre Reputation und Ihren digitalen Kommunikationserfolg geben – und zwar mit der Leidenschaft, Akribie und Präzision eines Uhrmachers. Ihr Marketing-Verstand spricht eine Sprache, die Daten eine andere – vereinigen Sie beide, werden Sie Erfolg haben, aber nur, wenn Sie Gebot Nummer zwei lieben gelernt haben.

## 10

### LÄCHELN UND WINKEN.

Wandel ist die einzige Konstante Ihrer Online-Reputation. Diese Tatsache kann den klügsten Kopf in den Wahnsinn treiben. Noch bevor Sie diesen Satz zu Ende lesen, gibt es einen neuen „heißen Scheiß", den alle hypen und bei dem Ihre Marke „vielleicht auch dabei sein sollte". NEIN. Blinder Aktionismus ruiniert Ihre Reputation. Viel wichtiger als zu wissen, was Sie als nächstes tun werden, ist zu wissen, was Sie nicht tun werden (vgl. erstes Gebot). Bleiben Sie Ihrer Strategie treu. Erledigen Sie erst die Hausaufgaben, bevor Sie sich an neue Experimente wagen. Die digitale Welt dreht sich schnell und überholt von rechts. Bleiben Sie gelassen. Erst denken, dann handeln. Langsam ist das neue Schnell.

# ZWEITE HILFE

**IM SINNE EINER GANZHEITLICHEN THERAPIE** folgen
jetzt motivierende, abschreckende und inspirierende
Therapeutika aus der kreativen Alternativ-Medizin.
**TIPP:** Löschen Sie vor der Lektüre alle Cookies mit
vorgefertigten Meinungen von Ihrer geistigen Festplatte.

# Ihre Internet-Ich-Marke

Positionieren Sie Ihr Internet-Ich wie ein Marketing-Profi. Was brauchen Sie dafür? Antworten auf diese Fragen.

## PRODUKT

**Ihr guter Name, Ihr Internet-Ich – das ist das Produkt, das Produkt sind Sie. Werden Sie wiedererkennbar und bleiben Sie dabei konsistent und authentisch.**

· Wofür stehen Sie? Was zeichnet Sie aus? Was sind Ihre Kernkompetenzen?

· Haben Sie sich Web-Adressen und Profilnamen bei den wichtigsten Netzwerken gesichert?

· Was soll ein Unbekannter über Sie denken, nachdem er Ihre Web-Profile besucht hat? Ein Satz.

· Wie möchten Sie optisch wahrgenommen werden? Geben Sie sich Attribute und veröffentlichen Sie in Zukunft nur Bilder, die diesen Attributen gerecht werden. Alle anderen: löschen, sofern möglich.

## PREIS

**Kennen Sie Ihren Wert? Dann verkaufen Sie sich nicht darunter. Andere bezahlen mit Lebenszeit dafür, dass Sie Ihnen Aufmerksamkeit schenken. Seien Sie Ihren Preis wert.**

· Wie hoch oder niedrig ist der Preis für einen Zugriff auf Ihr Internet-Ich? Ist es öffentlich? Befreundet es jeden? Ist der Preis ein „Gefällt mir" oder eine bestätigte Kontaktanfrage?

· Wie hoch sind die Betreuungskosten für Ihr Internet-Ich? Rechnen Sie mit Zeit und Geld und stellen Sie dann Kosten und Nutzen in Frage.

· Wann machen Sie Gewinn? Woraus besteht dieser, wie messen Sie ihn und was tun Sie, wenn Sie Verluste schreiben?

# PLATZIERUNG

**Überlegen Sie sich, welcher Medienmix Ihr Internet-Ich dorthin bringt, wo Sie es haben möchten und wo es von den Menschen gefunden wird, die es finden sollen.**

· Wo suchen Menschen nach Ihnen? Werden Sie gefunden? Wie konsistent sind die Suchergebnisse hinsichtlich Quantität und Qualität? Brauchen Sie einen „Cleaner"?

· Welche Internet-Kanäle nutzen Sie zur direkten Kommunikation Ihres Internet-Ichs? Welche davon rein „privat", welche im beruflichen Kontext? Wie grenzen Sie beide voneinander ab? Wie stellen Sie sicher, dass die jeweilige Zielgruppe (privat vs. beruflich) Sie findet?

· Welche Rolle spielen Platzierungen in Suchmaschinen für den Erfolg Ihres Internet-Ichs?

· Welche Menschen in Ihrem Netzwerk sind potente „Weiterverkäufer" Ihrer Reputation? Wer kann und wird Sie weiterempfehlen, falls Sie das wünschen?

# PROMOTION

**Eigenwerbung ist nichts Unanständiges. Vorausgesetzt, Sie machen sie gut: strategisch geplant, wohl dosiert und so durchdacht, dass Sie den Empfängern Freude bereitet.**

· Wie kommunizieren Sie das, was Sie als „Produkt" einzigartig macht?

· Was sind die Themenschwerpunkte Ihrer Kommunikation? Und: Welche Themen klammern Sie aus? Bekennen Sie sich politisch? Als Christ? Als Fußball- oder Justin Bieber-Fan?

· Wie verpacken Sie Ihr Internet-Ich in Worte und Bilder? Welche Inhalte hat Ihr Redaktionsplan"?

· Wie lautet der „Fahrstuhl-Text", mit dem Sie einem Fremden im Aufzug binnen 60 Sekunden erklären, wer Sie sind und was Sie auszeichnet? Dieser Text sollte fixer Bestandteil aller Ihrer Web-Präsenzen sein – alles andere brandmarkt Sie als inkontinent.

· Wie viel Zeit kostet Ihre Kommunikation? Was bekommen Sie dafür zurück? Wie messen Sie das?

# Sie schreiben, Chef und Headhunter lesen …

Falls Sie einen neuen Job suchen, kann Ihnen Ihr Profil auf Xing oder LinkedIn dabei helfen. Und zwar im doppelten Sinn: Es kann Sie auch den Job kosten. Warum? Darum.

| SIE SCHREIBEN* … | HEADHUNTER LIEST … | CHEF LIEST … |
|---|---|---|
| ICH SUCHE: neue, spannende Herausforderungen | … verzweifelt auf Job-Suche, easy catch, wenig Gehalt. | … verzweifelt auf Job-Suche, innerlich gekündigt?!? |
| ICH SUCHE: den Sinn des Lebens | … geisteskrank. | … unterbeschäftigt. |
| ICH SUCHE: Investoren | … pleite. | … pleite. |
| ICH SUCHE: Kontakte | … Netzwerk ist Gehalt wert. Der ist nichts wert. | … auf Partner-Suche. Singles machen mehr Überstunden! |
| ICH BIETE: Kontakte | … Lobbyist? Waffenhändler? Zuhälter? | … Verschwiegenheits-klausel verschärfen, Kontrolle erhöhen. |

* Alle Texte – ok, bis auf drei – stammen aus Profilen von Xing-Kontakten der Autorin.

| | | |
|---|---|---|
| **ICH BIETE:** Initiative, Kreativität, Führungskompetenz, Flexibilität | … diese Worte 6.666 Mal pro Stunde. Sie wirken wie Valium, er schläft ein und träumt, aber nicht von Ihnen. | … diese Selbstsicht relativieren wir im nächsten Gehaltsgespräch! |
| **ICH BIN:** Face to Face Business and Waste Removal Engineer, EMEA | ??? | … der sägt doch an meinem Stuhl! |
| **ORGANISATIONEN:** Gewerkschaft XY | … unvermittelbar. | … Kündigungsfrist? |
| **INTERESSEN:** meine Familie, meine Kinder, meine Hunde | … unvermittelbar. | … deshalb macht der keine Überstunden! |
| **INTERESSEN:** Golf (Handicap 2!), Golfreisen | … ein Mensch mit Freizeit? Ekelerregend. | … wie viele Urlaubstage hat der eigentlich? |
| **INTERESSEN:** neue Geschäftsideen | … hat keinen Plan! | … hat sowas von keinen Plan! |
| **INTERESSEN:** breit gefächerte Interessen im Kreativbereich | … verkappter Künstler. Träum weiter, armer Irrer! | … verkappter Künstler? Dem kürze ich den Konzern-Krieger-Sold! |
| **PROFILE IM WEB:** nudes.tumblr.com | … WTF? Mmmmh, ein Hobby-Fotograf! | … ahhhhhh, jetzt – JAAAAAAAAAA! |
| **PROFILE IM WEB:** youporn.com/696 | … das ist doch … – ahhhhhh, jetzt, JAAA! | … das ist doch … – meine EX-FRAU?!? |

# Oh weh, Google, voll der Ungnade!

**Stellen Sie sich vor, Sie beten und der Google-Algorithmus antwortet – das wäre … ein Geschäftsmodell! Probieren Sie es aus. Falls es klappt, nichts für ungut.**

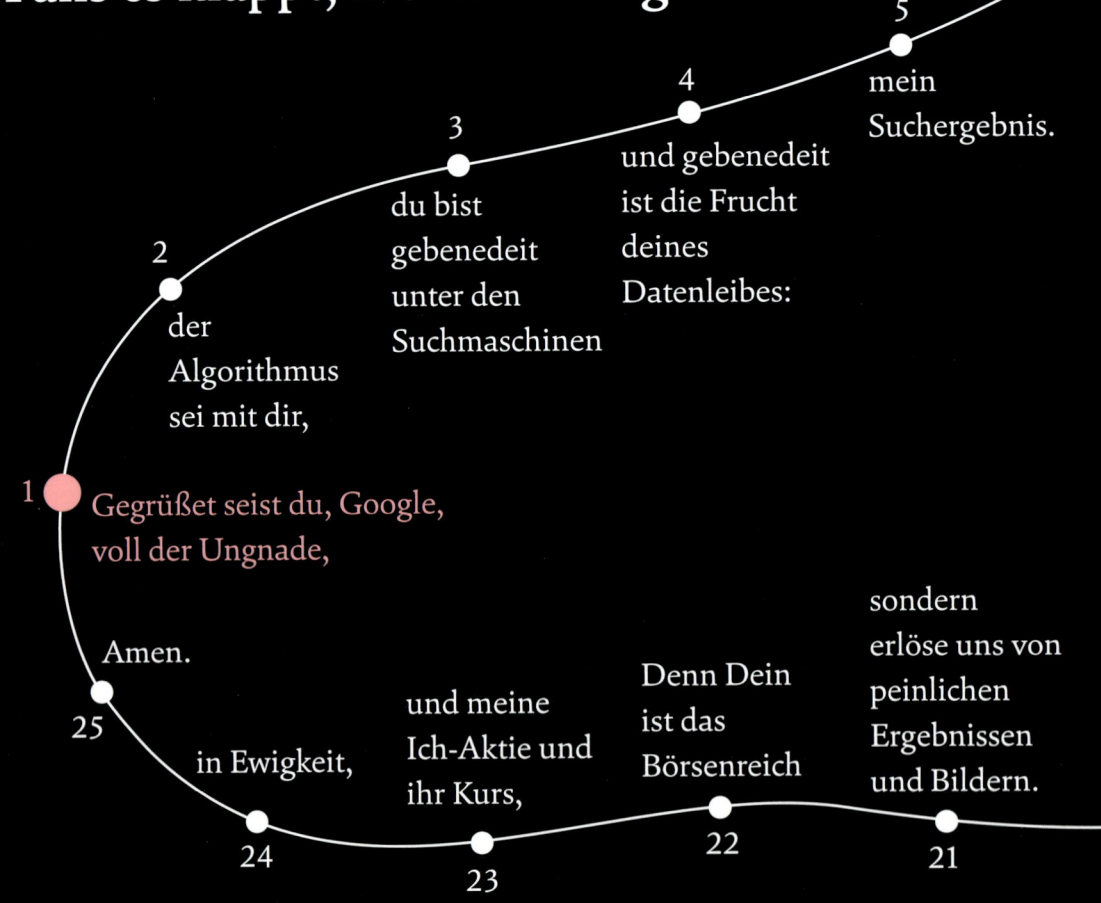

5
mein
Suchergebnis.

4
und gebenedeit
ist die Frucht
deines
Datenleibes:

3
du bist
gebenedeit
unter den
Suchmaschinen

2
der
Algorithmus
sei mit dir,

1 Gegrüßet seist du, Google,
voll der Ungnade,

Amen.

25

in Ewigkeit,

24

und meine
Ich-Aktie und
ihr Kurs,

23

Denn Dein
ist das
Börsenreich

22

sondern
erlöse uns von
peinlichen
Ergebnissen
und Bildern.

21

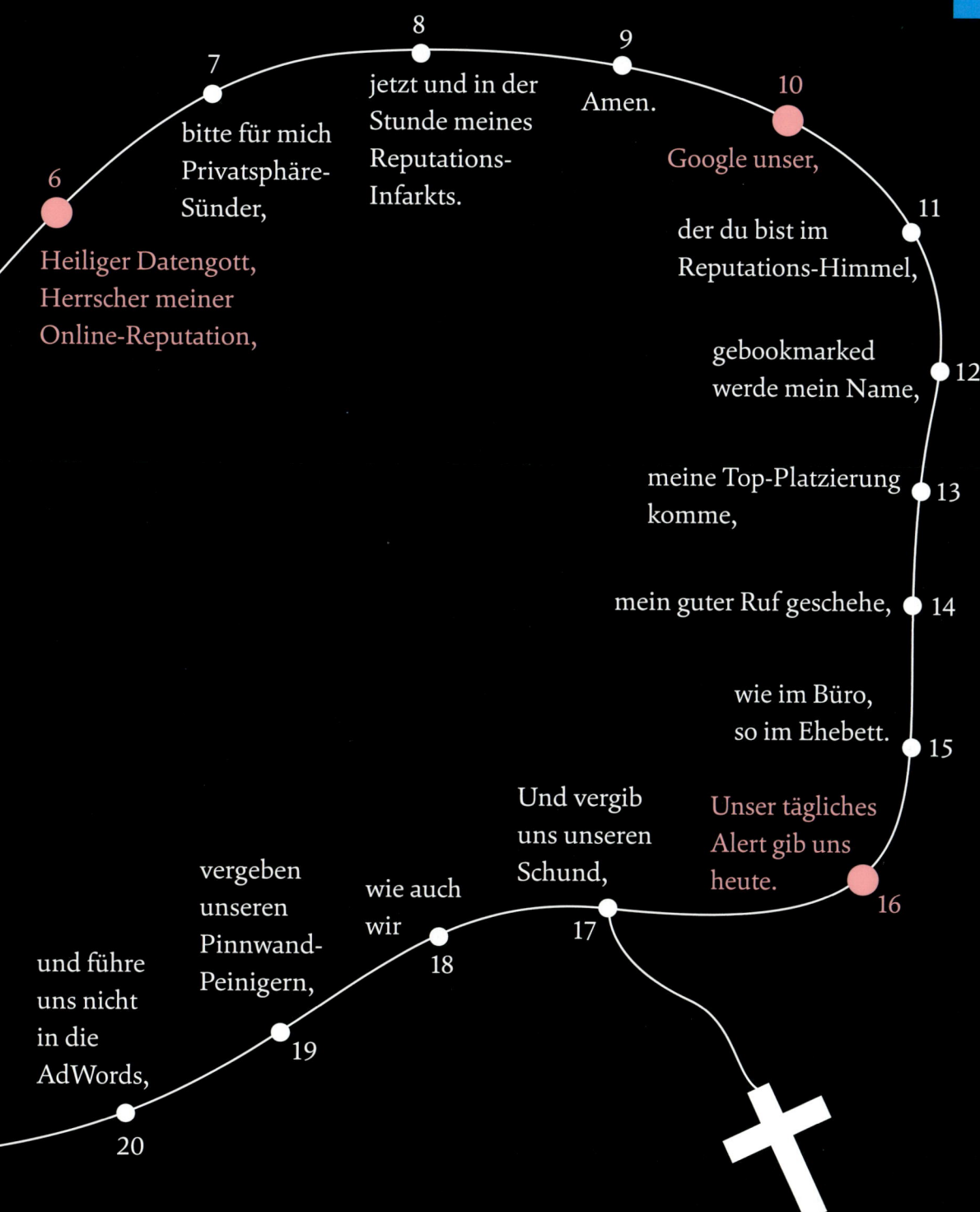

**6** Heiliger Datengott, Herrscher meiner Online-Reputation,

**7** bitte für mich Privatsphäre-Sünder,

**8** jetzt und in der Stunde meines Reputations-Infarkts.

**9** Amen.

**10** Google unser, der du bist im Reputations-Himmel,

**11** gebookmarked werde mein Name,

**12**

**13** meine Top-Platzierung komme,

**14** mein guter Ruf geschehe,

**15** wie im Büro, so im Ehebett.

**16** Unser tägliches Alert gib uns heute.

**17** Und vergib uns unseren Schund,

**18** wie auch wir

**19** vergeben unseren Pinnwand-Peinigern,

**20** und führe uns nicht in die AdWords,

# Kreuzigen Sie Ihr altes Internet-Ich.

**Ja, das fühlt sich an wie Jesus am Karfreitag. Trösten Sie sich mit dem, was danach geschah. Das ist Ihr Weg nach Golgatha.**

**Stellen Sie sich vor, …**

**1**

… Sie sind Ihr schlimmster Feind. Sehen Sie sich Ihre Web-Profile aus dem Fadenkreuz eines Snipers an. Worauf zielen Sie? Was schießt Sie ab? Wo fehlt Ihrem Profil die kugelsichere Weste mit Stehkragen?

**2**

… Sie sind der, der Ihre Karriere vergolden und Ihnen ein sorgenfreies Leben bescheren kann – falls Sie an sowas glauben, Sie liebenswerter Idealist. Röntgen Sie Ihre Profile aus der Sieb-Sicht eines Goldschürfers: Was lässt Sie aus der Katzengold-masse herausstrahlen? Was macht Sie einzigartig? Achtung: „einzigartig" ist kein Synonym für „Krawall" oder „Karneval". Na?

**3**

… Sie kennen sich so gut, als hätten Sie sich selbst geboren. Seien Sie ehrlich. Ziehen Sie von Ihrem Ego die Mehrwertsteuer ab. Auf Nummer sicher: doppelt. Vergegenwärtigen Sie sich Ihre Ziele: Was will Ihr Internet-Ich? Warum existiert es? Dann vergleichen Sie es mit dem, was Sie sind, mit dem, was Sie gerne wären, und dem, was sie nie sein werden – weil Sie es weder sind, noch sein wollen oder können. Dann nehmen Sie den Rest und überarbeiten Ihre Profile. **Kreuzigen Sie Ihr altes Internet-Ich und erschaffen Sie sich neu.**

Dies Bildnis schien … bezaubernd
schön. Kleben Sie hier ein Bild
Ihres alten Internet-Ichs ein und
kreuzigen Sie es Länge mal Breite!

# R.I.P.
**REST IN INTERNET PEACE**

# Ihr letzter Online-Wille

## Wenn Sie sterben, lebt Ihr Internet-Ich weiter. Besser, Sie regeln Ihren digitalen Nachlass*, bevor das Ihre Facebook-„Freunde" tun.

**SIE SIND ONLINE. DAMIT SIND SIE ÖFFENTLICH.** Und Sie bleiben das – auch, wenn Sie einmal nicht mehr auf Erden weilen. Das ist ein bisschen gruselig, aber so ist das eben. Besser, Sie freunden sich mit der Realität an, solange Sie sie noch wahrnehmen. Sicher ist nur der Tod. Und der kostet das Leben.

**WAS BLEIBT? IHRE FACEBOOK-CHRONIK.** Ihr Xing-Profil und all die anderen Web-Identitäten – können Sie sie aufzählen? Ihre Google-Suchergebnisse. Ihr Blog, Ihre Webseite. Ihr Handy, Ihre Computer und Ihre Festplatten, diese posthumen Verräter Ihres multiplen „Was ich sonst noch lebte"-Seins. Ihre E-Mails. Wie wäre es mit einer Abwesenheitsnotiz aus der Unendlichkeit? Betreffzeile: „Ich werde NIE wieder für Sie erreichbar sein, Sie Zeitdieb!". Spaß beiseite.

**DAS IST ERNST. SEHR ERNST.** Was passiert mit Ihrem Internet-Ich, wenn Sie es nicht mehr betreuen können, weil Sie auf einmal (hoffentlich) auf Wolke sieben weilen und die Cloud vermissen, in der all Ihre Daten schmoren? Was dann? Darf man Sie posthum bei Facebook befreunden? Soll Ihre Pinnwand zur Klagemauer werden? Steht auf Xing dann plötzlich: „Suche: Gott"? Folgt Ihr Handy mit ins Feuer oder unter die Erde? Wem vererben Sie Ihr PayPal-Guthaben, Ihre „Elfe Level 80" auf World of Warcraft und Ihre Festplatten?

\* Falls Sie eine Geschäftsidee suchen: Internet-Bestattungen sind eine Nische mit Massenmarktpotenzial – ein todsicheres Geschäft. Das haben bereits ein paar kluge Köpfe erkannt. Falls Sie einen Web-Nachlassverwalter brauchen, sehen Sie sich diese Anbieter an: semno.de, securesafe.com, legacylocker.com, assetlock.net.

## CHECKLISTE FÜR IHR DIGITALES VERMÄCHTNIS:

### SOZIALE NETZWERKE

✔ Wo sind Sie angemeldet, unter welchem Benutzernamen und mit welchem Passwort? Soll ein letztes Posting posthum veröffentlicht werden?

✔ Was passiert mit Ihren Profilen, Ihrer Webseite, Ihrem Blog? Löschen oder Klagemauer? Wer übernimmt Ihre Redaktion und Reputation posthum?

✔ Welches Verfallsdatum soll der ganze Zirkus haben? Falls Sie die Klagemauer-Option wählen, wann ist Schluss? Wann verschwinden Sie ins Web-Nichts? Wie lautet Ihr letztes Posting?

### PASSWÖRTER & PIN-CODES

✔ Online-Banking, PayPal, Kreditkarten, eBay, Amazon, Handy, Festplatten, Computer, Ihr Blog – wer wird Ihren digitalen Nachlass verwalten, bezahlen, was zu bezahlen ist, und löschen, was zu löschen ist?

### E-MAILS

✔ Gibt es eine Textvorlage für Ihre ewige Abwesenheitsnotiz? Wie lautet die Betreffzeile, wie der Text und die letzte Grußformel?

### SCHWEINSKRAM, SEITENSPRÜNGE, SATANISCHE VERSE

✔ Wem übergeben Sie Ihre intimsten Dateien? Ihre satanischen Verse? Ihr digitales Tagebuch? Wer macht ein Buch daraus oder ein Geschäftsmodell?

✔ Was passiert mit Ihren Fotos, Ihren Videos, Ihrem Terminkalender?

### ABSCHIEDSVIDEO & PLAYLIST FÜR IHR BEGRÄBNIS

✔ Drehen Sie ein Abschiedsvideo, in dem Sie allen falschen Freunden die Meinung sagen? Soll es posthum veröffentlicht oder nur bei Ihrer Beerdigung gezeigt werden? Wann drehen Sie es? Wo liegt die letzte Version?

✔ Gibt es eine Playlist für Ihr Begräbnis? Wer weiß, wo sie zu finden ist?

# Schweigeminuten

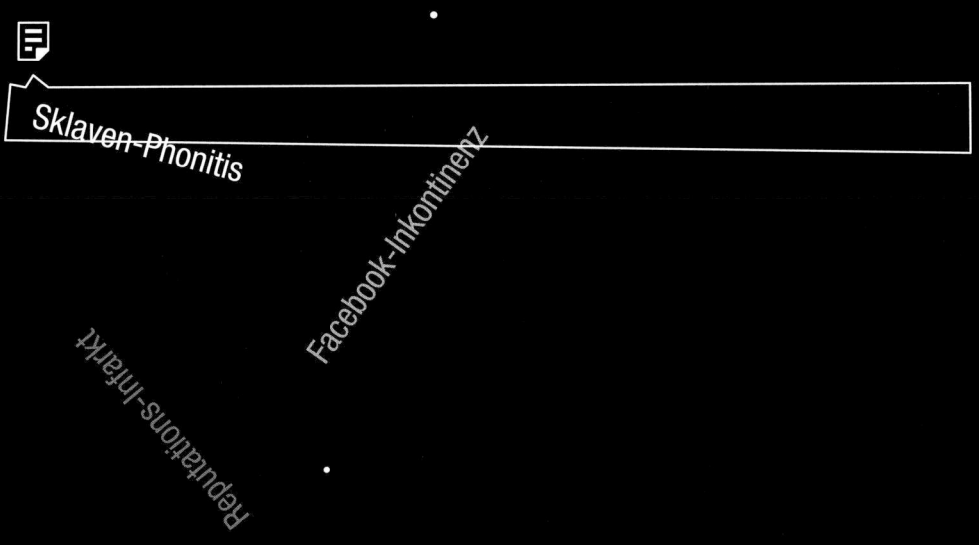

Sklaven-Phonitis

Facebook-Inkontinenz

Reputations-Infarkt

**WARTEN SIE NICHT, BIS ES ZU SPÄT IST.** Verabschieden Sie sich jetzt von all dem, was Sie Ihrem Internet-Ich fortan nicht mehr antun werden, weil Ihnen seine Reputation heilig ist. Besuchen Sie den „Thoughts Room": http://thequietplaceproject.com/thethoughtsroom. Schreiben Sie alles, was Sie nach Lektüre dieses Buches loswerden möchten, in die Statuszeile. Und… tschüss!

**11%**

**IHRE NEUE REPUTATION LÄDT GERADE …**

**EIN LETZTER TIPP:** Stellen Sie heute noch ein Einmachglas auf. Schreiben Sie täglich den schönsten Moment des Tages auf einen Zettel und werfen Sie ihn ins Glas. Gehen Sie mit offenen Augen durchs Leben und durchs Web – schöne Momente warten in beiden Welten, Sie müssen sie nur selektiv auswählen und bewusst wahrnehmen. An Silvester leeren Sie Ihr Glas und genießen die Rückschau auf ein erfülltes Jahr im Wachzustand.

# Extras für Privatpatienten.

# Quellen & Inspiration

**WIDMUNG**
Das Zitat von Parviz Owsia eröffnet auch einen
lesenswerten Thriller: „Ich. Darf. Nicht. Schlafen.",
Steve Watson, Fischer Scherz, 2011.

**SEITE 2, 3**
Social Media-Burnout, -Suizid: Erste Hilfe-Tipps:
www.wikihow.com/Avoid-Social-Media-Burnout,
Amanda Todd: http://de.wikipedia.org/wiki/Amanda_
Todd.

**SEITE 4**
„Die Psychoanalyse Sigmund Freuds", Arthur
Brühlmeier, www.bruehlmeier.info; Richard L. Fellner,
www.psychotherapiepraxis.at/art/psychoanalyse/
psychoanalyse.phtml, 2004.

**SEITE 6, 74, 75**
„Unterwegs", Jack Kerouac, Thomas Lindquist
(Übersetzer), ungekürzte Originalfassung, rororo, 1998.

**SEITE 8, 9**
„López Murphy for president – the truth" ist die
Inspirationsquelle für den Fluch- und Segen-Text.
Der Werbespot der Agentur Savaglio/TBWA für den
argentinischen Präsidentschaftskandidaten Ricardo
López Murphy wurde 2006 mit Silber bei den
Werbefestspielen „Cannes Lions" ausgezeichnet.
Auf YouTube ansehen: http://youtu.be/lFz5jbUfJbk.

**SEITE 10**
21 Gramm: http://de.wikipedia.org/wiki/Psychostasie.

**SEITE 19**
Buch-Tipp zur Fußnote: Eine aktuelle, kluge und
einzigartig differenzierte Gegenüberstellung der
Argumente von Technikoptimisten und -pessimisten
lesen Sie in „Internet: Fluch oder Segen", Sascha
Lobo, Kathrin Passig, Rowohlt, 2012.

**SEITE 23**
iPhone-Umfrage von Gazelle.com im Juni 2012:
http://www.gazelle.com/press-releases?page=2.

**SEITE 24, 25, 26, 27**
Sklaven-Phonitis: Zahlen, Fakten, Studien.
Heise mobil: http://www.heise.de/mobil/meldung/
Smartphone-Nutzung-Zocken-wichtiger-als-
Telefonieren-1631460, O2: http://news.o2.co.
uk/?press-release=Making-calls-has-become-fifth-
most-frequent-use-for-a-Smartphone-for-newly-
networked-generation-of-users, Lookout: http://
blog.lookout.com/blog/2012/06/21/the-results-
are-in-we-love-our-smartphones/#more-10160,
Deloitte Digital: http://www.deloittedigital.co.uk/us/
blog/digital-disruption-infographic, Ofcom: http://
ofcom.org.uk/binaries/research/.../CMR_UK_2012.
pdf, Nielsen: http://www.nielsen.com/us/en/insights/
reports-downloads/2011/state-of-the-media--mobile-
media-report-q3-2011.html, Baystate Medical Center:
http://www.ncbi.nlm.nih.gov/pubmed/21159761,
BITKOM: www.bitkom.org/files/.../bitkom_publikation_
netzgesellschaft.pdf, IT-Business: http://www.it-
business.de/marktforschung/studien/articles/369894/,
Sciencedirect.com: http://www.sciencedirect.com/
science/article/pii/S0001457510003635.

**SEITE 38**
„Puls", Stephen King, Wulf Bergner (Übersetzer), Heyne,
2007.

**SEITE 49**
Die dümmsten Passwörter: http://computer.de.msn.
com/ratgeber-und-tests/leichtsinn-pur-das-sind-die-
d%C3%BCmmsten-passw%C3%B6rter-des-jahres-
2012#image=18. Weitere Abschreckung: http://www.
taz.de/index.php?id=bildergalerie&tx_gooffotoboek_
pi1[srcdir]=Die-dmlichsten-Passwrter-der-Welt.

## SEITE 51

Koscheres Handy: http://diepresse.com/home/techscience/mobil/660741/lsrael_Koscheres-Handy-auf-Jiddisch, Digital Detox-Urlaub: http://www.dailymail.co.uk/travel/article-2157681/Caribbean-holidays-Going-cold-tech-digital-detox-Saint-Vincent-Grenadines.html, http://www.zeit.de/2012/50/Offline-Digitale-Entgiftung, http://www.brandeins.de/magazin/nichtstun/einchecken-und-wohlfuehlen.html, Magazin-Tipp: brand eins 08/2012, Schwerpunkt: Nichtstun.

## SEITE 82, 83

John Cage, „4'33"": http://en.wikipedia.org/wiki/4'33".

## SEITE 87

Daniel Rousta: www.facebook.com/rousta, http://www.focus.de/politik/deutschland/facebook-affaere-eskaliert-sexismus-und-fdpisser-kosten-spd-amtschef-posten_aid_740164.html.

## SEITE 88, 89

Facebook-Inkontinenz: Zahlen, Fakten, Studien. Nielsen: http://blog.nielsen.com/nielsenwire/online_mobile/march-2012-top-us-online-brands/, YouCom: http://youcom.de/presse/studien, JIM-Studie 2011: http://www.mpfs.de/?id=225, University of Chicago: http://www.welt.de/gesundheit/article13851130/Facebook-macht-suechtiger-als-Alkohol-und-Nikotin.html, Consumeraffairs.com: http://www.consumeraffairs.com/news04/2012/10/study-checking-your-social-media-pages-is-as-addictive-as-sex-and-nicotine.html, Mashable: http://mashable.com/2012/11/03/facebook-addiction/.

## SEITE 90, 91

Facebook-Inkontinenz: Zahlen, Fakten, Studien. Columbia Business School, University of Pittsburgh: http://papers.ssrn.com/sol3/papers.cfm?abstract_id=2155864, Divorce Online: http://www.divorce-online.co.uk/blog/?p=2413, American Academy of Matrimonial Lawyers: http://www.aaml.org/about-the-academy/press/press-releases/e-discovery/big-surge-social-networking-evidence-says-survey-, Credit Sesame: http://www.creditsesame.com/blog/social-media-safety-dont-make-it-easy-for-burglars/,

Yahoo: http://en-maktoob.news.yahoo.com/facebook-tags-expose-house-party-burglars.html, Mashable: http://mashable.com/2012/11/03/facebook-addiction/, Süddeutsche Zeitung: http://www.sueddeutsche.de/digital/studie-zum-facebook-entzug-wie-in-einer-sekte-1.70837-2, Humboldt-Universität Berlin: http://www.hu-berlin.de/pr/pressemitteilungen/pm1301/pm_130121_00, Huffington Post: http://www.huffingtonpost.com/2012/05/18/reshonda-tate-billingsley-daughter-alcohol-photos-facebook_n_1528542.html, Tommy Jordan auf YouTube: http://youtu.be/kl1ujzRidmU.

## SEITE 92, 93

Facebook-Inkontinenz: Zahlen, Fakten, Studien. Michael Giesecke: „Freut Euch über die Ambivalenz der Buchkultur!". Download: www.michael-giesecke.de. „Ambivalenz" in die Suche eintippen. Slate.com: http://www.slate.com/articles/double_x/doublex/2011/07/how_facebook_saved_my_sons_life.2.html, Intersperience: http://www.intersperience.com/news_more.asp?news_id=46, Jeremy Rifkin: „Die empathische Zivilisation: Wege zu einem globalen Bewusstsein.", Fischer Taschenbuch Verlag, 2011.

## SEITE 94, 95

Buch-Tipp: Kritische Aufsätze, psychologisch, sozio-logisch, wissenschaftlich – dennoch gut zu lesen. Sehr klug, sehr gut, sehr wahr: „Generation Facebook. Über das Leben im Social Net.", Oliver Leistert, Theo Röhle (Hg.), transcript, 2011.

## SEITE 112

Liked mich doch alle am …! Inspiriert von Michael Krebs' Satire-Song: „Leute, ihr könnt' mich alle mal …" YouTube: http://youtu.be/XTO23jUPIXE, Webseite: www.michaelkrebs.de.

## SEITE 122

Facebook ist schlecht im Bett. Buch-Tipps zum Thema: „Liebe in Zeiten der Ablenkung", Edward M. Hallowell, Sue G. Hallowell, Melissa Orlov, Rowohlt, 2011. „Frauenversteher: Das Buch für alle, die entweder ein Mann oder eine Frau sind", Carsten Höfer, Südwest Verlag, 2011 – beide Bücher haben großes Beziehungsrettungs-Potenzial.

**SEITE 125**

Kettenbrief: http://www.mimikama.at/allgemein/aufklrungsbericht-zu-bitte-lesen-ein-mdchen-trifft-einen-jungen-im-chat/.

**SEITE 127**

Facebook-Entzug: Lesenswert hierzu: „Planet der Freundschaft", Der Spiegel, Nr. 19/2012, Titelstory: http://www.spiegel.de/spiegel/print/d-85586231.html.

**SEITE 145**

Mahnmal: Weltbank-Studie „Voices of the Poor", http://web.worldbank.org/WBSITE/EXTERNAL/TOPICS/EXTPOVERTY/0,,contentMDK:20622514~menuPK:336998~pagePK:148956~piPK:216618~theSitePK:336992,00.html.

**SEITE 153**

Wolf Schneider: „Selbst die ihn hassen, hassen ihn auf Knien" schrieb „Der Stern" im Mai 2005 zum 80. Geburtstag des Sprachliebhabers und Sprachkritikers (http://www.stern.de/kultur/buecher/wolf-schneider-der-levitenleser-der-nation-wird-80-539870.html). Schneiders Bücher sind Pflichtlektüre für alle, die schreiben. Das Zitat ist aus: „Das neue Handbuch des Journalismus und des Online-Journalismus", Wolf Schneider, Paul-Josef Raue, rororo 2012.

**SEITE 154, 155**

Reputations-Infarkt: Zahlen, Fakten, Studien. Salon.com: http://www.salon.com/2011/06/01/weinergate_timeline/, Streisand-Effekt: http://en.wikipedia.org/wiki/Streisand_effect, Altimeter Group: http://www.altimetergroup.com/research/reports/a-strategy-for-managing-social-media-proliferation und http://marketingeasy.net/alarming-report-brands-leaving-themselves-exposed-through-social-media-mismanagement/2012-02-06/, uSamp: http://www.mediabistro.com/alltwitter/social-sharing-gender-survey_b18152, Mashable: http://mashable.com/2012/07/19/4chan-burger-king-lettuce/.

**SEITE 156, 157**

Reputations-Infarkt: Zahlen, Fakten, Studien. taz: http://www.taz.de/!108566/, Dell: http://en.wikipedia.org/wiki/Dell_IdeaStorm, PwC: http://www.pwc.de/de/pressemitteilungen/2012/facebook-verdraengt-konkurrenz-im-social-web.jhtml, Cone: http://www.seo-heads.de/e-commerce/online-bewertungen-beeinflussen, http://www.conecomm.com/2011coneonlineinfluencetrendtracker, Pardot.com: http://www.pardot.com/news/twitter-used-by-91-of-b2b-marketers-but-linkedin-generates-twice-as-many-leads-study#prettyPhoto.

**SEITE 161**

„Two Girls, one Cup"-Video: Dieses Video ist dermaßen ekelerregend, dass Sie den Link selbst recherchieren müssen. Bitte halten Sie als „Speibsackerl" (schönes österreichisches Wort) einen XL-Papierkorb mit Tüte (schönes deutsches Wort) bereit. Plus: Für durch das Video ausgelöste Traumata übernimmt die Autorin keine Haftung. Dass das Video nicht jugendfrei ist, versteht sich jetzt von selbst, oder?

**SEITE 171, 173**

Hirnblonde Pisa-Opfer: Wortkreation aus dem Kabarettprogramm von „Bademeister Schaluppke". YouTube: http://youtu.be/YSYRp4IBnMk, Webseite: http://schaluppke.de – XL-Lachgarantie inklusive.

**SEITE 183**

Augenbling: Wortkreation und Powersong von „Seeed" auf dem Album „SEEED", 2012. Weitere Titel aus dem Soundtrack der Entstehungsgeschichte dieses Buches finden Sie auf www.digital-therapie.com/soundtrack.

## ALLE LINK-TIPPS:

**PACKUNGSBEILAGE**

**„The Truth"-Werbespot:**
http://youtu.be/lFz5jbUfJbk

**Der Papst im Netz:**
www.pope2you.net

**SKLAVEN-PHONITIS**

**„Microsoft Windows Mobile Phone 7"-Werbespot:**
http://youtu.be/55kOphD64r8

**Inspiration für Offline-Tage:** www.zeit-statt-zeugs.de

**Herrlich böse Comics:** www.bonkersworld.net

**APPS**

**Mobilität & Reisen**
MyTaxi: www.mytaxi.com
Öffi: http://oeffi.schildbach.de
Tripadvisor: www.tripadvisor.com/apps
Qype: www.qype.com/go-mobile
DB Navigator: http://www.bahn.de/p/view/buchung/mobil/mobile-apps.shtml

**Informations- und Zeitmanagement**
Flipboard: http://flipboard.com/
Taptu: www.taptu.com
Zite: www.zite.com
Pocket: http://getpocket.com/apps/
Evernote: www.evernote.com
Wunderlist: www.wunderlist.com
Teuxdeux: www.teuxdeux.com
Dropbox: www.dropbox.com
Avast: www.avast.com/free-mobile-security

**Kommunikation & Musik:**
WhatsApp: www.whatsapp.com
Kik: www.kik.com
Skype: www.skype.com
Xing: www.xing.com/mobile
LinkedIn: www.linkedin.com/mobile

Soundhound: www.soundhound.com
Shazam: www.shazam.com
TuneIn Radio: http://tunein.com
Spotify: www.spotify.com

**Einkaufen**
Barcoo: www.barcoo.com
Idealo: http://apps.idealo.de
Geizhals: www.geizhals.de, www.geizhals.at

**Alkoholtest**
Sobriety Test: http://itunes.apple.com/us/app/webroot-sobriety-test/id484735639?mt=8

**Ort und App der Stille:**
http://thequietplaceproject.com/

**Print-Produkte für den Straßenkampf:**
uk.moo.com/de

**FACEBOOK-INKONTINENZ**

**Social Media-Profil-Killer und -Cleaner:**
http://suicidemachine.org, http://facewa.sh

**REPUTATIONS-INFARKT**

**Google-Dienste:**
http://google.com/alerts, http://support.google.com, http://adwords.google.de, http://google.com/analytics

**Webvisitenkarten:**
http://about.me, http://flavours.me, http://jux.com

**Open Source-Software, Blogs,
Shop- & Webseiten-Baukästen:**
http://wordpress.com, http://jimdo.com, http://squarespace.com, http://posterous.com, http://tumblr.com, http://shopware.de, http://shopify.com, http://zen-cart.com

**Design-Baukästen, Themes:**
http://organicthemes.com, http://themeforest.net, http://graphicriver.net

**Newsletter, Flyer:**
http://mailchimp.com

**Interaktive Kataloge, Präsentationen, Broschüren:**
http://issuu.com, http://scribd.com, http://slideshare.net

**Zeitungsmacher:**
http://paper.li

**Mitbewerbsvergleich:**
http://marketing-grader.com, http://interbrand.com,
http://allfacebook.com, http://socialbakers.com

**Individuelle Magazine aus Ihren Lieblings-
Internet- und Social Media-Quellen:**
http://taptu.com, http://flipboard.com, http://zite.com

**Twitter Influencer-Listen:**
http://talkabout.de/twitter/medien/

**Wissens-Quellen:**
http://slideshare.net, http://ted.com, http://pinterest.net

**Online-„Beichtstuhl":**
http://thequietplaceproject.com/thethoughtsroom/

## ERLESENE BUCH-TIPPS:

**Internet: Segen oder Fluch.**
Sascha Lobo, Kathrin Passig, Rowohlt, 2012.

**Netzgemüse: Aufzucht und Pflege der Generation Internet.**
Johnny und Tanja Haeusler, Goldmann, 2012.

**Too Big to Know: Das Wissen neu denken, denn Fakten sind keine Fakten mehr, die Experten sitzen überall und die schlaueste Person im Raum ist der Raum.**
David Weinberger, Jürgen Neubauer, Huber, 2013.

**Filter Bubble.**
**Wie wir im Internet entmündigt werden.**
Eli Pariser, Hanser, 2012.

**SPEED: Auf der Suche nach der verlorenen Zeit.**
Florian Opitz, Goldmann, 2012.

**Der Informations-Crash.**
**Wie wir systematisch für dumm verkauft werden.**
Max Otte, Ullstein, 2010.

**Wer bin ich, wenn ich online bin: und was macht mein Gehirn solange?**
**Wie das Internet unser Denken verändert.**
Nicholas Carr, Blessing, 2010.

**Delete.**
**Die Tugend des Vergessens in digitalen Zeiten.**
Viktor Mayer-Schönberger, bup, 2010.

**Muße.**
**Vom Glück des Nichtstuns.**
Ulrich Schnabel, Pantheon Verlag, 2012.

**Smartbook.**
Marcel-André Casasola-Merkle, Agnes Lison,
Süddeutsche Zeitung Bibliothek, 2012.

**Ohne Netz.**
**Mein halbes Jahr offline.**
Axel Rühle, Klett-Cotta, 2010.

**Ich bin dann mal offline:** Ein Selbstversuch.
**Leben ohne Internet und Handy.**
Christoph Koch, Blanvalet, 2010.

**Ist meine Hose noch bei euch?**
**Neues aus SMSvonGesternNacht.de.**
Anna Koch, Axel Lilienblum, rororo, 2011.

**Connected!**
**Die Macht sozialer Netzwerke und warum Glück ansteckend ist.**
Nicholas A. Christakis, James H. Fowler, S. Fischer, 2010.

**Verloren unter 100 Freunden.**
**Wie wir in der digitalen Welt seelisch verkümmern.**
Sherry Turkle, Riemann, 2012.

**Generation Facebook.**
**Über das Leben im Social Net.**
Oliver Leistert, Theo Röhle (Hg.), transcript, 2011.

**Wa(h)re Freunde:** Wie sich unsere Beziehungen in sozialen Online-Netzwerken verändern.
Thomas Wanhoff, Spektrum, 2011.

**Das Facebook-Buch.**
Annette Schwindt, O'Reilly, 2012.

**Das Facebook-Buch für Eltern.**
Tobias Albers-Heinemann, Björn Friedrich, O'Reilly, 2012.

**Nackt im Netz: Wenn Social Media gefährlich wird.**
Simone Janson, Redline, 2011.

**Follow me!**
**Erfolgreiches Social Media Marketing mit Facebook, Twitter und Co.**
Anne Grabs, Karim-Patrick Bannour, Galileo Computing, 2012.

**Social Media Marketing –** Strategien für Twitter, Facebook & Co.
Tamar Weinberg, O'Reilly, 2012.

**Erfolgreiches Social Media Marketing** mit Facebook, Twitter, Google+, XING, LinkedIn & YouTube.
Reto Stuber, Data Becker, 2012.

**Geaddet, gepostet, Webfail!**
**Die peinlichsten und lustigsten Facebook-Einträge.**
Nenad Marjanovic, Manuel Iber, Riva, 2011.

**Karrierefalle Internet.**
**Managen Sie Ihre Online-Reputation, bevor es andere tun!**
Klaus Eck, Hanser, 2008.

**Transparent und glaubwürdig.**
**Das optimale Online Reputation Management für Unternehmen.**
Klaus Eck, Redline, 2010.

**Profil macht Karriere.**
**Mit Self Branding zum beruflichen Erfolg.**
Petra Wüst, Orell Füssli, 2010.

**Rasierte Stachelbeeren: So werden Sie Nr. 1 im Kopf Ihrer Zielgruppe.**
**Branding – Erfolgreiche Marken-Positionierung für kleine und mittelständische Unternehmen.**
Peter Sawtschenko, Andreas Herden, Gabal, 2000.

**Die stärkste Marke sind Sie selbst!:** Schärfen Sie Ihr Profil mit Human Branding.
Jon Christoph Berndt, Kösel-Verlag, 2009.

**Business Model You:** Dein Leben. Deine Karriere. Dein Spiel.
Tim Clark, Alexander Osterwalder, Yves Pigneur, Jordan T. A. Wegberg, Campus, 2012.

**Lifehacker:** The Guide to Working Smarter, Faster, and Better.
Adam Pash, Gina Trapani, John Wiley & Sons, 2011.

**Das neue Handbuch des Journalismus und des Online-Journalismus.**
Wolf Schneider, Paul-Josef Raue, rororo 2012.

**Keel's Simply Diary.**
Philipp Keel, Taschen, 2009, englische Ausgabe.

# Hier wird das Kleingedruckte großgeschrieben.

© 2013 Orell Füssli Verlag AG, Zürich, www.ofv.ch
ISBN 978-3-280-05495-6

**KONZEPT, TEXT, HERZBLUT:** Anitra Eggler, www.anitra-eggler.com
**DESIGN:** Die formvollendete Inge Vorraber, www.ingol.at
**LEKTORAT:** Die formidable Sonja Schwarz, www.textmelange.at
**PRESSEARBEIT:** Die sagenhafte Dorle Kopetzky, www.weissundblau.de
**COVER, 3D:** Der fantastische Ivo Apollonio, www.apollonio-design.com
**FOTOS:** Der fabelhafte Christian Postl, www.christian-postl.com
**TYPO:** Duftige Cala, unsterbliche Helvetica, zweideutige Hellschreiber.
**DRUCK UND BINDUNG:** Graspo CZ a.s., Zlín, www.graspo.com

# Juristen-Porno – die Hardcore-Version. Tipp: Umblättern!

Bibliografische Information der Deutschen Nationalbibliothek: Die Deutsche Nationalbibliothek verzeichnet diese Publikation in der Deutschen Nationalbibliografie; detaillierte bibliografische Daten sind im Internet über http://dnb.d-nb.de abrufbar.

Haben Sie diese Zeilen wirklich gelesen? Dann hat Ihnen dieses Buch so gut gefallen, dass Sie es vielleicht sogar weiterempfehlen, rezensieren und bewerten. Nur zu! Die Autorin freut sich über jeden Stern und empfindet Kritik als Wettbewerbsvorteil.

**MUSIK-THERAPIE**: Der Soundtrack zum Buch.
Jetzt anhören: www.digital-therapie.com/soundtrack

# Von führenden Härtefällen erfolgserprobt.

**DER BESTSELLER**

„E-Mail macht dumm, krank und arm.
Digital Therapie für mehr Lebenszeit“,
Orell Füssli, ISBN 978-3-280-05487-1

**MEHR DIGITAL THERAPIE?**

www.digital-therapie.com
www.facebook.com/anitrasdigitaltherapie

**MEHR ÜBER DIE AUTORIN?**

www.anitra-eggler.com

**BRANDREDEN, VORTRÄGE UND WORKSHOPS?**

www.anitra-eggler.com/workshops

**ERSTE HILFE**

ordination@anitra-eggler.com
E-Mail-Öffnungszeiten: montags bis freitags 10 und 16 Uhr.

# Heimliche Helden dieses Buches:

**LIEBE:** Das Leben. **LEBEN:** Die Liebe.

**GEIST, GENE, GLÜCK:** Dieter Eggler, mein Vater, den ich weiterlebe.

**IM MORGENROT UND BEI MITTERNACHT:** Helga Eggler, mon Attachée.

**FLUGHÖHE:** Janik Eggler, mein Bruder, mein Coach. Tipp: jetraining.de.

**BRAND NEW START:** Inge Vorraber, meine Gefährtin, mein kreatives Echo.

**NAH- UND FERN-WG:** Julia Frankenberger, meine Reeperbahn.

**HERZ- UND KRAFTSPENDER:** Vla Miletić, Herbert Pinzolits, Alfred Echtle, Martin Limbeck, Christel & Dieter Heldmann, Rosi Frankenberger, Josef Mayerhofer, Tatjana Alexander, Dorle Kopetzky, Amrei Korte, Sylvia Opitz, Clemens Kopetzky, Ullrich Ehrenberg, Karin Libowitzky, Roman Sindelar, Fred Koblinger, Yasemin Demirci, Carsten Gehrke, Barbara Murg und Gloria Blüthner, meine unendliche Sandkastenliebe.

**JETZETLE:** K3, das ist für dich.

**RÜCKENWIND:** Matti Schüsseler, Rudolf Frankl und Gerald Schantin, meine Buchmacher, Lieblingsmenschen.

**A BIS Z:** Meine Kunden, die besten der Welt. Doppelschwör!

**QUELLEN:** Reik Winkelmann, Lieblingsleser.

**SEIN UND WERDEN:** Sie, liebe Leserin, lieber Leser! Danke, dass Sie dieses Buch in Händen halten. Bücher schreiben war immer mein Lebenstraum. Durch Sie wird er erfüllt. Dafür herze ich Sie in Gedanken! Schließen Sie die Augen und fühlen Sie sich von mir umarmt. **WIRD IHNEN WARM? MIR AUCH.**